河南省艺术名家推介工程丛书

杨丽萍 主编

# 张 平——平歌奇韵

魏珂 编

中原出版传媒集团
大地传媒
大象出版社
·郑州·

图书在版编目(CIP)数据

张平——平歌奇韵/杨丽萍主编;魏珂编.
—郑州:大象出版社,2015.11
(河南省艺术名家推介工程丛书)
ISBN 978-7-5347-8548-1

Ⅰ.①张… Ⅱ.①杨… ②魏… Ⅲ.①张平—传记
Ⅳ.①K825.78

中国版本图书馆 CIP 数据核字(2015)第 203739 号

河南省艺术名家推介工程丛书

张　平——平歌奇韵

杨丽萍　主编

魏　珂　编

**出 版 人**　王刘纯
**责任编辑**　石更新
**责任校对**　张迎娟　牛志远
**装帧设计**　魏　珂　王　伟　韩　雪

出版发行　大象出版社(郑州市开元路 16 号　邮政编码 450044)
　　　　　发行科　0371-63863551　总编室　0371-63863572
网　　址　www.daxiang.cn
印　　刷　郑州瑞光印务有限公司
经　　销　各地新华书店经销
开　　本　787×1092　1/16
印　　张　14.75
字　　数　237 千字
版　　次　2015 年 11 月第 1 版　2015 年 11 月第 1 次印刷
定　　价　48.00 元

若发现印、装质量问题,影响阅读,请与承印厂联系调换。
印厂地址　郑州市二环支路 35 号
邮政编码　450012　　　　　电话　0371-63956290

## 编委会

**主　编**

杨丽萍

**副主编**

董文建

**编　委**

闫敬彩　赵红都　赵小勇　汪　淏
张曦霖　魏　珂　李红艳　赵　军
姬豪亮　袁朋林　庞月兰　卢　梅

张平，1959年生，1971年考入郑州市京剧团，1978年调入河南省豫剧三团，1985年考入上海戏剧学院导演系，毕业后回到河南省豫剧三团进入艺术创作室，1993年任河南省豫剧三团业务副团长兼导演，2000年调入河南省豫剧二团担任业务副团长兼导演，2006年调入河南省艺术研究院，2011年取得南京大学艺术学理论硕士学位，现为河南豫剧院艺术发展部主任。曾荣获中国文联授予的"全国百名杰出青年文艺家"称号、文化部授予的"全国文化系统先进工作者"称号。

在河南戏剧新世纪崛起的一线方阵中，导演张平是一员战绩显赫、闻名遐迩的大将。他导演的豫剧《程婴救孤》《村官李天成》《兰考往事·焦裕禄》《魏敬夫人》《王屋山的女人》等剧目，都以独特的舞台样式、深厚的文化内涵和强烈的艺术感染力，引起全国戏剧界和观众的广泛关注，不但获得一系列全国性的荣誉和奖项，而且不断开启豫剧演出史上的新篇章，成为豫剧的新经典，为河南戏剧文化赢得了荣誉和尊严。

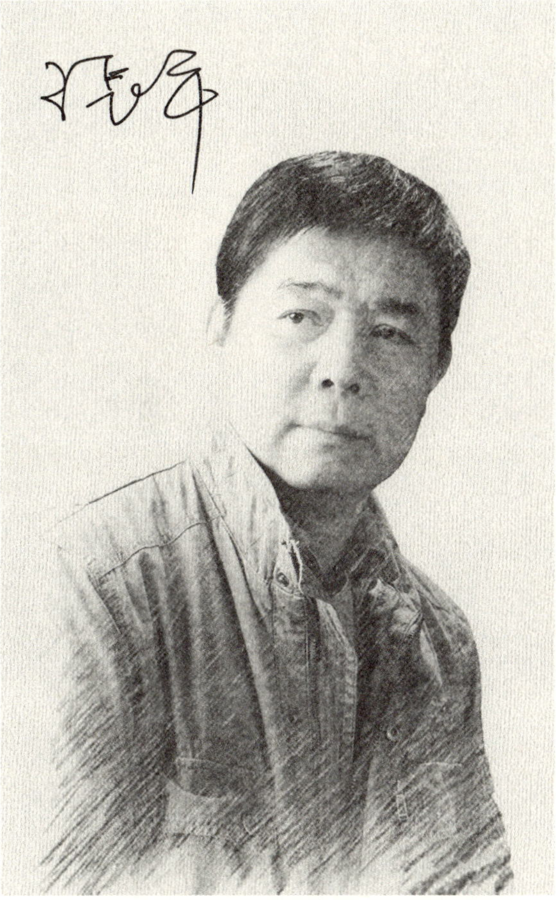

# 总序

## 造就名家大师
## 促进文化繁荣

营造有利于高素质人才大量涌现、健康成长的良好环境，造就一批名师大家和民族文化代表人物，引领文化事业繁荣发展，是推动文化建设的重要基础和条件。

"河南省艺术名家推介工程"自2011年启动，旨在通过推介河南各艺术门类的领军人物，总结传播他们的艺术成就，激励文化艺术工作者百尺竿头再上层楼，引领河南文化艺术人才队伍健康成长，"河南省艺术名家推介工程丛书"的出版，就是对河南省艺术界各领域领军人物艺术成就的一次系统的总结和展示。

一个时代的文明高度，往往是那个时代的领军人物所代表的。在文艺领域，可以说一个时代的文化名家的成就，代表着这个时代这个领域的最高水准。因此，总结艺术名家的艺术经验，推广艺术名家的艺术成就，彰显艺术名家的职业精神，是非常必要的。当然，在艺术领域里，这些同志尚有更远的路要走，也希冀更多的人超越他们。而这些，正是我们所盼望的。

是为序。

2013年6月27日

# 戏就是我的命(代序)

黄在敏

张平爱戏。他说:"我喜欢戏。戏让我的生命有了价值,有了意义。戏就是我的命。若离开了戏,我的人生将会失去色彩,没有了意义。"

和张平在一起,谈其他话题他往往无多大兴趣,也较少搭言,但只要谈起来戏,他就心无旁骛,就亢奋,就高兴,就能产生思想的火花。激动的时候,他可以手、眼、身、法、步当场示范,也可以唱、念、做、打淋漓尽致一番。

张平出生在梨园世家,其母亲是常香玉大师的弟子、香玉剧社的青年台柱。张平的襁褓时期就是在戏台上的梆子声和母亲、阿姨、奶奶等艺术家们的怀抱中度过的,以至于少儿时他常常得听着舞台上的打击乐才能睡着。他坐科京剧,演过豫剧,曾是当年河南省豫剧三团的主角儿。他少年成名,急流勇退,20世纪80年代中期到上海戏剧学院深造进修,逐步转行当了导演,从原来进行单一角色创造的演员,成了一位把剧本立体呈现在舞台上的指挥者与创作者。作为曾经的好演员,张平完成了一个华丽的转身,而且做得非常出色。

在全国戏曲导演方阵中,张平堪称一员战绩显赫的骁将,其执导的舞台剧以独特的舞台样式、深厚的文化内涵和强烈的艺术感染力,引起全国戏剧界和观众的广泛关注。他在很好地领悟、继承民族戏曲美学精神的基础上,敏锐地捕捉当代舞台艺术潮流的信息,适应当代戏剧观众审美趣味的变化,将一部又一部戏剧作品做得清新、大气、不俗,一次一次地让观众和戏剧界为之叫好。

好的戏剧要触动人的心灵。它的魅力不是昙花一现的视听享受,而是有着让人长久回味的思想与艺术价值。张平是一个有着自觉的舞台美学追求的导演。多年来,他一直努力从生活的泥土中,从地方戏曲中,从民族、民间歌舞艺术中吸取营养,也在传统戏剧和当代戏剧的滋润中开阔自己的视野,开拓、丰富自己的创作思路。从豫剧《兰考往事·焦裕禄》到《魏敬夫人》,我看到了张平日益自觉、日益鲜明的艺术追求和不断跨越的前进步履。张平善于用各种地方戏曲最具特色的表现语汇,用民族、民间歌舞等一些原生态的歌舞元素与新的舞台科技相结合来揭示普通人的灵魂美,呈现作品的哲思内蕴。他也常常以充沛的创作热情,把地方戏曲以至民族、民间的歌舞元素加以创造、发展、变形,使之化为震撼心灵的内容呈现在戏曲舞台上。

新世纪以来,河南戏剧成就斐然,佳作不断,引起全国戏剧界的瞩目。正是中原这块文化积淀深厚的热土孕育了一批有才华的戏剧艺术家,而张平是其中的佼佼者,他为河南戏剧闪光于这个年代做出了突出的贡献。

张平的作品都是在深刻理解、准确把握剧本内涵的基础上,自觉地从普通人的角度挖掘人物内心世界最真实的情感,剖析他们的成长经历和生存状态,让人感受到他们价值观形成的原因,感受到人物真实丰满的内心世界和生命状态。他执导的剧种有豫剧、京剧、评剧、越剧、婺剧、晋剧、秦腔、黄梅戏等。他弘扬"平凡之中的伟大追求、平静之中的满腔热血、平常之中的极强烈责任感",他的很多作品是在唱响社会正气,倡导时代精神。他的代表剧目包括豫剧《程婴救孤》《村官李天成》《王屋山的女人》《悠悠我心》,京剧《孔雀东南飞》《项羽》,婺剧《赤壁周郎》,评剧《任长霞》，越剧《画皮》，秦腔《家园》等50余部，作品不但数量多，质量高，剧种涉及也广。他喜欢挑战自己，也常常否定自己。所以他不重复自己，他的作品是一戏一格，不但在戏剧的继承上成绩斐然，而且在思想内容和艺术形式方面还能不断与时俱进。

张平喜欢舞台，喜欢运筹帷幄的那种状态。

张平说，观察生活，每一处、每一人都有特点，都能得到一种感动，都能积蓄一种力量，都能让他建立起对艺术创作的勇气和信心。真善美是一种人类之间的互相关爱和支持，是一种共经风雨、同舟共济的深厚感情。

一个人的人生道路或脚步蹒跚或脚步匆匆，都会留下或轻或重或浅或深的脚印，多驻足留步回头看看，对认识自己、发现自己、调整自己不无裨益！

愿张平创作出更多的接地气的作品留与后人，愿他的戏剧之路越走越宽阔！

# 目　录

| | | |
|---|---|---|
| 001 | 李焕霞 | 在路上 |
| | | ——张平艺术人生扫描 |
| 101 | 肖　帅 | 天山脚下说张平 |
| 110 | 王明山 | 有温度的记忆 |
| | | ——导演张平轶事 |
| 116 | 王善朴<br>杨华瑞 | 为张平点赞 |
| 122 | 姚金成 | "难兄难弟"说张平 |
| 133 | 方可杰 | 推杯换盏识张平 |
| 138 | 冉常建 | 点燃情感爆破的导火索 |
| 145 | 陈涌泉 | 河南导演界的领军人物 |
| | | ——我和张平的四次合作 |
| 150 | 贾文龙 | 与张平导演的情缘 |
| 156 | 胡晓军 | 将传统导入当代 |
| | | ——从三部豫剧现代戏看张平先生的导演艺术 |

| 165 | **李树建** | 关键时刻看张平 |
| --- | --- | --- |
| 169 | **赵国安** | 激情四射　才溢八方 |
|  |  | ——我认识的张平 |
| 173 | **东　风** | 张平导演艺术研讨会摘要 |
| 180 | **张　平** | 《程婴救孤》导演阐述 |
| 188 | **张　平** | 戏曲表演造型在豫剧《程婴救孤》中的现代化尝试 |
|  |  | ——张平在利兹大学的演讲 |
| 192 | **张　平** | 大型现代豫剧《兰考往事·焦裕禄》导演阐述 |
| 201 | **张　平** | 现代艺术手段在现代戏曲《王屋山的女人》中的综合运用 |
| 217 | **卢　梅**<br>**冯欣欣** | 张平艺术年谱 |

# 在路上
## ——张平艺术人生扫描

李焕霞

  一个人会拥有何种人生,如何选择定位自己事业上的目标,能取得什么样的成就,既来自家庭的熏陶影响,也和他自己的爱好、个性有关。张平的人生也不例外。

  1959年11月,张平出生于河南豫剧院的一个梨园之家。

  母亲高玉秋,本姓孔,祖籍河南兰考县小宋乡。解放前,兰考县是有名的穷乡僻壤,加上自然灾害和军阀混战,很多人不得不拖家带口,背井离乡,寻求活路。1939年秋,张平的外祖父母也加入了逃难的队伍,携带着三个未成年的孩子,一路向陕西方向乞讨。饥寒交迫,加上长途劳顿、疾病不断,两个孩子在途中不幸夭折。经历了千辛万苦,好不容易到达西安的这一家人投靠亲戚无果,只好继续西逃至咸阳。在这里,张平的外祖父几经寻找才谋得一份营生——在一家煤场拉煤,可惜好景不长,不久他就因劳累病痛而倒在煤场,抛下妻子、年幼的儿子以及未出世的孩子,离开了人世。1942年春,就在小秋半岁的时候,母亲因为无法承担身心上的痛苦和生活上的压力,毅然服毒,抛下12岁当童工的儿子和嗷嗷待哺的女儿,撒手人寰。从此,小秋就被西安的姨母收养,跟随姨父的姓氏,改名高建秋。

虽然有姨母的疼爱,可是,由于姨母不能生养,性格暴虐的姨父对姨母非打即骂,家里的日子过得并不顺心,高建秋的日子自然也好过不到哪里,有时也会莫名其妙地被打。就在这种担惊受怕的日子中,高建秋渐渐长大了。在这充满冷眼和暴力的家庭生活中,唯一能让高建秋幼小心灵得到一丝慰藉、暂时忘却痛苦时光的,便是到离家很近的民乐园剧场去看戏。从五六岁开始,高建秋便成了这家剧场的常客,几乎天天不落。刚开始,她拉着一些大人的衣角,跟随着别人偷偷进场,后来,看门的大叔看她伶俐乖巧,又懂礼貌,就经常放行让她免费进去看戏。虽然年幼的高建秋对戏曲还并未有多少认知,但是从那方小小的舞台上,她看到了一个奇妙的精彩世界,也感受到了一种从未有过的快乐。

为了让可怜的孩子日后有个好一点的生活,1948年12月,一个寒冷的日子,听到香玉剧社招生消息的姨母带着高建秋来到西安马厂子街13号院内,准备报考香玉剧社,高建秋心中自然充满了欢喜。可是,"招生已满"的牌子却让她们一时不知所措。姨母在门外的执着叫喊,引来了院内的一行人,其中一个端庄大方的年轻女子,就是当时已经唱响西安的豫剧名伶常香玉。在姨母的再三恳求和哭诉下,瘦小机灵、嗓音条件不错的高建秋开始接受考试,并主动献唱了一段《洛阳桥》。经过短暂商议,思索了片刻的常香玉决定破格收下这个学生,高建秋从此开始了崭新的人生之路。

此次招生的这十几个孩子,是香玉剧社的第一批学生。按照当时戏班的规定,这批学员要重新起名,名字中间一个字一律从"玉"字,高建秋从此更名为高玉秋。尽管戏班的生活很苦,练功时也会经常挨打,但是,能够在一个全新的环境中做自己喜欢的事情,高玉秋还是感觉非常快乐。在常香玉和她的父亲张福仙以及李润全、黄少林、夏均亭等老师的教授下,高玉秋渐渐成长了起来,先是客串一些小角色,4年以后,戏班就为她移植排演了《拾玉镯》;1953年,香玉剧社赴朝鲜慰问中国人民志愿军,高玉秋的《拾玉镯》也入选其中;1961年剧团去深圳(当时的宝安县)演出,吸引了很多香港的文艺界明星,《大公报》还刊登了《刘妈妈之妙》的文

● 张平的父母张学勇和高玉秋

章,赞誉高玉秋在《拾玉镯》中饰演刘媒婆的精彩表演。从此,在常香玉的精心栽培下,高玉秋从孤儿成长为深受观众喜爱的一代豫剧名角,并和恩师结下了长达几十年的深厚情缘。

1954年,常香玉带领香玉剧社回到河南,扎根于郑州。两年后,正逢河南豫剧院建院,这是文化部批准建立的全国八大直属院团之一。

作为豫剧中知名度、影响力颇高的艺术家,常香玉担任了院长一职。13岁的高玉秋在外漂泊多年后,回到了从未谋面的故乡,开始在豫剧院工作,并在这里遇到了自己的知己,建立了美满的家庭。

张平的父亲叫张学勇,是河南开封杞县人,和高玉秋算是老乡。张学勇的家属于书香门第,父亲张慎礼早年毕业于清华大学,曾经留学日本,解放前是杞县的县专员,后任代县长,家境殷实,这使得家中的几个孩子都有机会接受良好的教育。大儿子从事的是医学工作,解放前加入了共产党,在兰州军区总医院离休,正军级待遇。二儿子张仲威毕业于清华大学,先后任中国农业大学农经系主任、中国农经

● 张平和母亲高玉秋在郑州人民公园的合影

学院院长,一直从事高校教育工作。三儿子就读于江西大学,曾任江西大学教务处主任,"文革"期间被迫害致死。五儿子毕业于南开大学中文系,后任南开大学中文系主任,直至退休。女儿毕业于东北工业大学,是我国培养的第一批理工管理专业硕士研究生,现居住在四川德阳。

张学勇在家里男孩子中排行老四。他当时没有听从家人的安排,走读书考大学的光宗耀祖之路,而是根据自己的兴趣爱好选择了绘画,成为当时家里唯一学习和从事艺术工作的"叛逆者"。1948年,张学勇参加了河南省文工团,从事舞台美术设计工作。1952年,河南省歌剧团成立,当时成立的方针就是以河南人喜闻乐见的形式,来反映河南劳动人民的生活,从而发展新歌剧(实际上就是豫剧)。根据这个方针政策,全省文工团进行了一次整顿重组,人员也被分到了话剧团和歌剧团,作为舞台美术工作人员的张学勇被分到了歌剧团。1956年河南豫剧院成立后,张学勇又成为豫剧院艺术创作室的一名主创人员,当时的主任是著名编导杨兰春。高玉秋和张学勇虽然从事的专业有别,但是,戏曲让这对出身不同、经历迥异的年

● 儿时的张平

轻人在生活中产生了交集。1957年，他们经人介绍相爱了，1958年年底结婚，次年11月，两人的爱情结晶出生了。也许不愿孩子重复他们当年的不幸和苦难，高玉秋夫妇给孩子起了一个饱含希望和祝福的名字——张平，希望他能够健康成长，一辈子顺顺利利、平平安安！

当时的高玉秋已经是团里的青年台柱子，演出任务比较重，生完孩子五六个月就开始上班了。因为家里没人照顾，她只能带上襁褓中的儿子，跟随剧团奔波于各个演出台口。演出开始后，她就把孩子放到戏箱上，由后台人员帮着看护照顾，一下场，就赶紧哄两声或是解开戏服喂口奶。虽然铿锵的锣鼓声有时太过喧闹，但是，幼小的张平似乎习惯了这样的环境，照样吃得高兴睡得香。如果说梨园之家的出身让张平传承了父母身上的艺术基因，那么，豫剧丝竹管弦美妙音韵的长期熏染陶冶则让他渐渐与豫剧结下了不解之缘。

稍大一点的时候，活泼好动的张平会在后台跑来跑去。为了不影响演出，高玉秋、张学勇夫妇不得不把张平送到河南省文化厅幼儿园。张平很受豫剧院叔叔阿姨们的喜爱。有时候高玉秋在外演出，不能正常接送张平，高玉秋的同团师兄、好友，像修正宇、葛圭璋、韩玉生、郭铁生等，就会负责接送他。有时候，常香玉奶奶也会去接他，玩累了甚至就睡在她家里。所以，张平从小就对母亲的同行非常敬重，感情很深。

这种忙碌、温馨而幸福的日子持续没多久，就因为父亲张学勇的一场疾病而结束了。1964年春，就在张平4岁多的时候，张学勇不幸患上了直肠癌。此时，年幼的张平还不知道这场病对母亲、对自己、对这个家意味着什么，他只感觉，那段时间母亲在家待的时间比以前多了，但还是没有更多的时间和精力来照看他和年幼的妹妹张媛；而且，母亲也不像平时那么爱说爱笑了，脸上增添了不少愁容，人也消瘦了不少。

在张学勇病重期间，痛苦伤情的张慎礼除了帮忙分忧，也不得不面对现实，开始考虑张学勇的身后之事。因为高玉秋作为团里的顶梁柱，演出自然很忙，没有更多的精力和时间照顾两个年幼的孩子，而且此时她才27岁，正值青春年华，肯定还要组建新的家庭。为了不让孩子今后受委屈，也为了替高玉秋分担生活压力，张家就想把张平带走，让张平的二伯负责养育，以便日后可以接受更好的教育。但是高玉秋却不愿意，说即便再苦再累也要把他们抚养成人。知道自己将不久于人世，病中的张学勇也参与了讨论儿子的未来命运抉择一事："玉秋离不开孩子，平儿也离不开他妈。虽然以后玉秋的生活会艰难一些，可有亲生母亲在身边照顾，到底要好得多，还是让他们在一起生活吧。"面对儿子的最后请求，张家的两位老人只好含泪答应。

张学勇在北京治疗期间，6岁的张平也被接到北京的二伯家里生活了一段时间，由二伯二娘帮忙照顾。二伯毕业于清华大学，此时在中国农业大学任教；二娘是上海人，从小也接受了良好的教育，毕业于北京大学，是个学识丰厚的教授。这样的出身和工作经历，使得他们非常注意对孩子们的教育，同时在基本礼仪和生活习惯方面也对孩子们要求很严，这让生活比较随意且调皮的张平懂得了很多规矩。

张平印象最深的是，每晚睡觉之前，二娘都会给孩子们念书，其中有小说《红岩》《红楼梦》，曹禺的《雷雨》，莎士比亚的《李尔王》《罗密欧与朱丽叶》，等等。这时候,平时活泼好动的张平总是显得特别听话。他一边安静地聆听,一边感受着文学世界的神奇和美妙,有时甚至会展开无限遐想。虽然当时有很多东西根本听不懂,但是,这种良好的家庭氛围却给予了张平很深的影响,尽管这种影响是朦朦胧胧、潜移默化的。张平二娘对艺术也很喜欢,家里有一架钢琴,她每天会弹唱歌曲给孩子们听。对于在二娘家这几个月的生活,张平至今回忆起来依旧历历在目,十分难忘。

1966年,忍受病痛折磨两年多的张学勇带着几多不舍、担忧和牵挂,离开了人世,年仅33岁。远在开封的二老无法给予高玉秋母子更多的照顾,只能在经济上给予一点帮助,有时就派儿女们过来看看。张平10岁那年,母亲再婚了。继父晏福林之前没结过婚,对张平兄妹两个非常好。他的到来不仅让这个家有了一份依靠,也让年少的张平心里多了一丝温暖。

张平的童年和少年时期就在豫剧院家属院(现在的郑州市经八路11号院)度过。这里住着豫剧院的很多名家,像高洁、马琳、赵义庭、柳兰芳、张桂花、吴碧波、唐喜成、修正宇、赵春生等。著名豫剧六大名旦之一的阎立品就住在他家楼下,来往也较多。因此,豫剧院很多戏排演,张平都能有机会先去一睹为快。在那样一个空气中都散发着二八、流水音韵的成长环境中,张平对豫剧的那份熟悉和发自内心的喜爱就是自然而然的了,并早早显示出其艺术上的天赋。

到了上学的年龄,张平进入了文化路第二小学。那时候,正赶上"文革"开始。在那样一个特殊的年代,优秀传统戏被禁,为现实和政治服务的现代戏得到大力提倡,尤其是京剧《智取威虎山》《海港》《红灯记》《沙家浜》《奇袭白虎团》,芭蕾舞剧《红色娘子军》《白毛女》,交响乐《沙家浜》等在北京六大剧场隆重上演后,媒体宣传也大造声势。《人民日报》发表了社论《革命文艺的优秀样板》,"八个革命样板戏"随即成为习惯性的宣传用语,也成为这一时期戏剧舞台上争相学习移植的模板。虽然这一时期的戏曲创作存在着这样或那样的问题,但也不可否认戏曲创作上取得的成果——样板戏开了戏曲表现程式改革的先河。

在这样一个社会环境下,唱响全国的京剧自然也影响到了喜欢戏曲艺术的张平。那时候,为了配合当时的形势,很多学校都组织了宣传队。张平由于是门里出身,嗓音、形象条件都不错,从小深受艺术熏陶,所以很快就显示出表演才能,成为学校宣传队中的主力。上学期间,他曾经演过两个角色:一个是《智取威虎山》中的少剑波,另一个是《林海雪原》中的杨子荣。这些排演经历、被众人关注和喝彩的荣耀,让张平对舞台有了一种深深的渴望。

  1970年,河南豫剧院开始招生,不到11岁的张平也积极准备,跃跃欲试。"文革"时期,为广大工农兵服务的文艺工作者被尊称为文艺战士,很受人敬重,加上考上后属于干部身份,正式成为吃商品粮的了,因此报考者众多,场面十分火爆。喜欢戏曲的张平自然也没有放弃近在眼前的机会。当时的主考官有王素君、王善朴、高洁,还有高玉秋。尽管有母亲做考官,张平的表现也很出色,成绩优异,然而,在那个特别讲究出身的年代,张平因为爷爷家的地主成分而受到影响,没能如愿。

  也许是年龄尚小,对一时的得失成败不太在意,也许是乐观的性格使然,考试受挫的张平并未因此而灰心。没过半年,郑州市京剧团又开始招生了,这让喜欢京剧的张平十分兴奋,再次报名,且成绩优异。这次,开明的剧团领导并未因成分问题压制好苗子,顺利将其录取了。1971年6月7日是张平非常难忘的日子,从这一天开始,他正式参加郑州市京剧团,继承了父母的衣钵,走上了自己将从事一生的艺术之路。

  张平考进剧团时,河南的京剧观众群体还非常庞大,加上当时推崇革命样板戏,京剧团的演出非常活跃。郑州市京剧团是由原来的郑州市评剧团、交通部京剧团合并而成的,集聚了很多具有较高造诣和社会知名度的艺术家,因而,能考入京剧团,张平心中自然十分兴奋。当时的京剧团位于郑州市金水区杜岭街,距离人民公园很近。每天早晨,老师都要带领这群孩子到公园练功、喊嗓子。教课的老师有郭德全、黄兰、杨成旭、张长福等。虽然这一时期演出的都是现代戏,但老师们还是制订了严格系统的训练计划,四功五法哪一样都不放过,并根据每个人的条件,传授了大量的传统戏,使张平受到了很好的中国戏曲程式的系统训练。张平主攻的是文武老生,学习了不少京剧老生的唱腔和传统折子戏。这也为传统戏恢复之后这些年轻演员能很快胜任各种演出任务奠定了坚实基础。

  三年的学员生活过得很快,虽然练功比较辛苦,可是,对于喜爱这门艺术的张平来说,这些都算不了什么。最令他骄傲的是,自己不仅完全不用家里供养,而且小小年纪就可以为家里分担生活的压力了。那时实行的是以团代校,这个教学模式最大的好处就是可以经常观摩演出,这让张平在日积月累的熏染中很快熟悉了一些剧目,有时还可以串演一些小角色,能够很快适应舞台。由于自身条件不错,又能吃苦,在学员队期间,老师就先后给张平排演了《沙家浜》(饰演郭建光)、《红灯记》(饰演李玉和)、《林海雪原》(饰演杨子荣)等。三年后,学员班被编入演员队,张平的工资也涨到36元,已经是正式演员的待遇了。

考上京剧团时,张平只上到小学四年级,文化水平较低。虽然团里也鼓励大家学文化,但由于没有作为硬性指标,不像后来戏校一样,专门聘请文化课老师进行系统教学,大家也就没当回事儿。由于京剧特别注重身段把子,对演员基本功要求较高,小小年纪也正是扎基础、习功夫的最好时候,因而大量时间被用来进行专业练习。在这批学员中,张平的武功身段一直是比较突出的,能一下子连翻几十个小翻,连翻十个前翻,旋子能连续走四十个,因此被郑州市京剧团领导列入"五虎上将",还参加排演了一些现代戏,如《沙家浜》《智取威虎山》《磐石湾》等。当然,那时的他只能跑个龙套,主要以开打、舞蹈为主。

然而,随着时间的推移,张平渐渐意识到,光是身段武功扎实还不行,一次演出经历后的深刻感受,促使张平开始有了新的想法。有一次,团里在郑州演出《沙家浜》,因为跟头翻得好而常赢得众人赞赏的张平决定让妈妈去看看,想在家人面前炫耀一下。演出完,张平兴奋地去问妈妈:"你觉得我今天表现咋样?"

母亲问:"哪个是你呀?"

"就是小翻过墙的那个。"

"台上跑龙套的小演员那么多,你不提前说,我哪能看得清?"

自己攒着劲表现,谁知妈妈根本没有看见自己,张平心里说不出的失落沮丧,眼泪也止不住扑哒扑哒往下掉,连续好多天,情绪才算渐渐缓过来。是啊,舞台上演戏,像这种翻跟头的纯技术展示只是点缀、烘托,要想以后站到舞台中间,就不能只满足于练好武功,还要全面发展,学会如何演人物。可是,要想演好人物,就得对人物多理解、多体会,这对于年纪尚小、没有多少文化和人生体验的张平来说,还有不少难度。他决定首先从写日记开始,有意识地锻炼自己的写作水平,提高表达能力。比如,描述一下今天干什么了,我今天怎么练功的,别人演什么戏的时候我是怎么想的,今天最有意义的事是什么,等等。

对张平内心产生巨大冲击的还有一件事。大概是1974年,郑州市京剧团新进了一批年轻人。他们是从中国戏曲学院毕业的年轻人,如张尔谋、冉伟、周淑媛等。这些接受过学院派系统教育的戏曲表演人才,不仅给剧团带来了一股青春的气息,其艺术创造观念也颇让张平他们感到新奇。之前,教张平他们的老师都是科班出身的老艺人,教学上采用的仍是口传心授的传统教学方法,排演时,多是由他们一招一式手把手地示范指导。而这些年龄比他们大不了几岁的年轻人,采用的却是一种完全不同的方法,就是从对剧本的解释、分析入手,来体会、理解和塑造人物,而且总能说出一些很有道理、让人信服的理由,实在让张平他们大开眼界。而且,这些从大都市过来的年轻人特别爱看书,文化水平较高,思想比较活跃,见识也比较独特,他们私下对政治局势和国际大事的讨论,也勾起了张平的好奇心。

在这些学院派师兄师姐的影响下,张平不仅对艺术的理解有所加深和完善,而且对文化产生出一种渴望,开始有意识地加强了对文化的学习。他也学着这些学兄,开始经常阅读报纸,阅读一些有影响的文学作品,如奥斯特洛夫斯基的《钢铁是怎样炼成的》,托尔斯泰的《复活》,张爱玲的《倾城之恋》,杨沫的《青春之歌》,巴金的《家》《春》《秋》,曹禺的《雷雨》《北京人》等。渐渐地,张平在阅读中找到了快乐,也增强了对文学的兴趣和对人物的理解能力。

"文化大革命"是以批判京剧《海瑞罢官》拉开序幕的,此后,全国无论是京剧还是地方戏,舞台上的"帝王将相、才子佳人"都被当"四旧"砸烂破除,古装戏基本都禁演了,否定的进程犹如秋风扫落叶一般疾速。"文革"结束后,虽然政治上拨乱反正、正本清源,文艺的生存环境显得较为宽松,但是,经历了十年不平凡岁月、心有余悸的人们还是显得颇为小心翼翼,全国戏曲古装戏的恢复演出就像蜗牛爬行一样,大家也在对形势的观望和等待中开始逐步试探。1978年初,郑州市京剧团首先将当年毛主席肯定过的《逼上梁山》搬上了舞台,成为全国较早恢复古装戏演出的戏曲院团之一。起初,剧团还不敢大张旗鼓,只是小范围地演出,先是一折一折地排演,后来才逐渐恢复了全剧。不久,河南很多戏曲院团也开始逐步将此戏移植搬上了舞台。虽然是大家熟悉的老戏,但十年对古装戏的禁演,使得人们压抑已久的渴望变得愈发高涨,前往剧院观看的观众十分踊跃,演出市场十分火爆。观众对戏曲的热爱与期待,老百姓的那份质朴与热情,都深深镌刻在张平的脑海里,让年轻的张平深深感受到作为一个文艺工作者的自豪。

不久，剧团应邀到上海演出《逼上梁山》，这一炮打得很响，在黄金剧院一连演了八九十场。演出期间，剧团还跟上海越剧院、京剧院的同行有了不少接触，这样的经历对张平来说不仅是极好的锻炼，更是一种心智的成长和跨越。在张平眼里，上海对他的吸引力绝非只是物质上的相对丰裕和繁华，而是不同文化交流碰撞带给他的思想认识上的成熟。

然而，半年之后，随着古装戏的全面恢复，郑州市京剧团的演出市场开始慢慢萎缩，生存发展空间受到很大的挤压。尤其是一方水土造就的文化欣赏习惯，使得豫剧、曲剧、越调等地方剧种在河南这样一个戏曲大省越发显露出自己的优势。对自己所处戏剧环境的反思、从小生活环境的熏陶、骨子里对豫剧的喜爱，让张平决定开始新的抉择，转到豫剧队伍中。

此时河南豫剧院已经恢复，要回到这三个院团中的哪一个呢？父亲曾是豫剧三团的老员工，母亲是省一团的主演，后来又被分到豫剧院第二剧组，和很多艺术家关系都很好，可以说，这样的成长环境对张平非常有利。在京剧团那几年，张平又经受过非常严格的基本功训练，身上功夫不错，转入演员队后，也演过折子戏《野猪林》中的"林冲夜奔"等，如果能进入以演出古装戏和新编历史剧为主的省一团或二团，应该是比较理想的选择。然而，此时的张平却有着自己的想法。

"文革"期间，为了适应当时的文艺创作形势，河南豫剧院被撤销，三团的人被分流到两个剧组，排演革命样板戏，第一剧组演出的有《海港》《红灯记》《红色娘子军》等，同时按照领导的要求组织班子修改《朝阳沟》；第二剧组排演的是《沙家浜》《杜鹃山》《百将渡》等。张平的母亲高玉秋被安排在第二剧组，和王善朴、马琳、柳兰芳等属于同一组。"文革"结束，豫剧院又恢复之前的机制，张平有幸观看了一、二团唐喜成、阎立品、常香玉等主演的大量优秀传统剧目，也观看了豫剧三团恢复加工的《朝阳沟》《小二黑结婚》等优秀现代戏。那时候，省一团为常香玉、高玉秋等排演了现代戏《于无声处》，不久郑州市京剧团也排了这出戏，张平在心中做了对比后，更觉得豫剧在河南这片土壤上的茁壮和繁盛。三团那种和样板戏完全不同的生活化的表演风格，张平很是喜欢，便萌生出到豫剧三团的想法。

为了儿子今后能有更好的发展，1978年初，母亲高玉秋找到当时担任三团团长的王善朴,把张平的想法说了说,征求他的意见。张学勇曾在三团工作过,工作踏实,人缘很好,只可惜英年早逝,令人惋惜。张平这孩子条件还不错,若能够调到三团,既充实了当时的青年演员梯队,又能帮助到昔日同事的家眷,可谓一举两得。王善朴觉得可行,就找到其他领导商量。当时其他领导班子成员还有陈新理、杜启泰、魏云、韩登庆,这是一个由实力雄厚的艺术家组成的领导班子。尤其是王善朴、魏云、陈新理、杜启泰都是看着张平长大的,对他就像是自己的孩子一样,感情非常好,而且由于张学勇、高玉秋这层关系,他们也希望张平能回到三团。

尽管这些人都是张平非常敬重的艺术家,彼此也非常熟悉,但是,要想进入这个实力强劲的艺术团体,还必须按照规矩通过考试才行。张平身段武功不错,就是唱腔方面稍显弱了点。那段时间,王善朴老师抽空就给张平进行辅导,使他很快掌握了豫剧唱腔的行腔方法和技巧。考试那天,就安排在三团排练场,张平按照要求演唱了《朝阳沟》中的"咱两个在学校整整三年"和《小二黑结婚》中的"我到县里去开会",从表情看得出,大家都还比较满意。社会环境的宽松,使得人们对家庭出身要求不那么苛刻了,最主要的是之前有些人的偏见没了,所以,接下来的调动也成了顺理成章的事情。

当然,张平的这次调动让京剧团的领导很是伤心、生气。当时团里负责人事的赵老师说,原来我们录取张平,去豫剧院政审的时候,你们搞政工的同志告诉我们说他出身不好,不能要。可现在我们把他培养成了,你们又想要走。而且张平不打招呼偷偷去报考,也让领导心里有些不痛快。但是,这次三团的态度非常坚决,由于从市里往省里调很有难度,所以,河南省文化局和省委宣传部艺术处做了大量的工作。当时的河南省文化局艺术处处长刘公举,和张学勇、高玉秋夫妇私交不错,也是看着张平长大的,经过他与各个方面的热心周旋,张平的工作调动手续终于顺利办好了。1978年10月,张平正式从郑州市京剧团调入了一心向往的河南省豫剧三团。

这次选择对张平来说是一次非常重要的人生转折,也开启了张平表演艺术的新征程。

## 二

作为全国闻名的专门演出现代戏的红旗团,河南省豫剧三团在上世纪五六十年代,曾经排演了《李双双》《好队长》《杏花营》《朝阳沟》《刘胡兰》《小二黑结婚》等多部优秀现代戏,并逐步形成了独特的表演风格,拥有了一大批观众。"文革"期间,三团人员分流到两个剧组,开始移植演出革命样板戏。古装戏解禁后,人们对传统戏生发出前所未有的观赏狂热,也让刚刚恢复的豫剧三团遭遇了比较尴尬的时期,演出市场格外冷清。为了重新赢得观众和市场,豫剧三团恢复举办了唱腔音乐会,先后到北京、天津、广西等地演出,以进一步扩大影响。而此时三团的青年演员队伍也急需完备扩充,因而,张平能够顺利调到三团,是双方彼此需要、互相选择的结果。

虽然到了思慕已久的豫剧三团,但对张平来说,从京剧转向豫剧,的确有些不容易,也经历了一个痛苦的适应和转换过程,尤其是在表演方面。京剧是一个特别注重行当分工和程式化表演的剧种,张平从小接受的都是这种表演方法,特别强调用外部形体和程式技巧来塑造人物。之后观看演出的一些革命样板戏,虽然演的也是现代人物,但和三团生活化的表演风格有着很大差别。

张平第一次登上豫剧和三团的舞台,是在开封人民剧场演出《小二黑结婚》。出发前一个星期,当时担任演员队队长的杨华瑞就通知张平:过两天给你安排个角色,就是《小二黑结婚》中的助理员,就几句话,也不难,你准备准备。这个角色之前是韩玉生演的,因为他的年龄稍微有些大了,再演这样的角色不太合适;再就是他还有重要任务,出演《朝阳沟》中的拴保,演出比较累,所以领导就想让年轻人来接替这个小角色,也算是个锻炼。张平很高兴地接受了任务,赶紧把这几句词抄下来背诵。韩玉生和张平的母亲同属于香玉剧社学员,也是张平很敬重的一位师长。为了接好这个角色,张平还特意找到他接受辅导。

尽管做好了充分准备,也具有了一定的舞台经验,可第一次和高洁、马琳、柳兰芳这些熟悉的艺术家同台演出,张平还是不免一阵阵紧张,双腿也不由自主地微微发抖。轮到张平了,只见他精气十足地迈着丁字步上了场,站好后又来一个亮相,整个是京剧的一套路子。"小二黑家在这儿住吗?"人物的道白本来应该用河南话，可是演惯了京剧的张平一紧张，不由自主说成普通话了，台下不禁一阵哄笑。就这么一点戏还出了错，张平感到脸上一阵发烧，演出结束，也不好意思和团里其他人打照面，心里实在觉得惭愧和难过。

第二天，领导找到张平谈心，尽管话说得很委婉，但是意思很明白，就是另外找个人接替他这个角色。这对于好强又爱面子的张平来说，打击着实不小。回到住处，这个平日里十分开朗乐观的小男子汉忍不住趴到床上，大哭了一场。虽然身边有很多熟识的老师长辈，可是张平不知道心中的这份苦闷和伤心该向谁倾吐。此时，母亲高玉秋正跟着常香玉在大庆演出，要很久才能回来，实在无法平复情绪的张平连夜给妈妈写了一封七页的长信，诉说了自己的困难和感受、伤心和压力。

几天后，正在外地演出的高玉秋收到了儿子的来信。看着信纸上被泪水洇得模糊的字迹，高玉秋心疼得哭了。知子莫如娘，高玉秋深深懂得儿子此刻的感受，可身在千里之外，她实在无法给予孩子更好的安慰。为了让张平尽快从这次失败和打击的阴影中走出来，高玉秋以最快的速度给儿子回了信。从大庆回来后，高玉秋又和儿子深谈了一次，最后劝慰道："平啊，你传统底子好，到一团或者二团可能更适合你。……""可我还是喜欢三团。""那你适应、融入不了这个团的表演，自己这么痛苦，我看着也心疼。你还年轻，要是感觉真不行，咱就趁早转行吧，搞别的也成。"看着母亲疼爱的目光，张平反过来开始安慰妈妈："我已经十八九岁了，重新上学也不可能了。再说，我从小就进剧团做演员，既然喜欢这一行，也付出了很多，肯定不能半途而废，这碗饭我是吃定了。放心吧，我一定好好干到底，干不出来就不是你儿子。"

有挫折不怕，年轻就是资本，一切可以从头学起。可是光有决心也不行啊，要想尽快适应三团的表演风格，必须要弄清楚问题出在哪儿，尽快找到自己的差距和努力的方向。情绪平静下来后，张平开始了反思，并积极向长辈老师们求教。王善朴、杨华瑞老师主动找到张平谈话，鼓励他不要气馁，要多看多思考。魏云老师和张平私下里谈心，告诉他怎样去塑造人物，舞台上如何学会放松。陈新理老师也从细节处教导，教他如何才能成为一名好演员，后来还专门送给张平一本书——斯坦尼斯拉夫斯基的表演理论《演员自我修养》，张平这才知道了演员应该怎样去分析、塑造人物，怎样观察、提炼生活，怎样通过创造将艺术化的生活生动展现在舞台上……这些老师的热情帮助和悉心呵护,让张平的心里感受到了从未有过的温暖和力量。

在向前辈学习的过程中,在大量的观摩和认真的思索中,张平渐渐对三团的表演风格有了较深的了解,也明白了自己和三团表演要求上的差距。过去,以杨兰春等为代表的三团广大创作者,排演了许多贴近时代、贴近生活的优秀剧作,也推出了一大批深受观众欢迎的优秀艺术家。从最初完全生活化的表演到后来对传统程式、戏曲韵律的借鉴、融合,这些创作者和艺术家们付出了大量艰辛的劳动。可以说,三团之所以能屡次走出困境,以现代戏在全国立足扬名,并形成自己独特的表演体系和艺术风格,绝不是一朝一夕的事情。这与他们对现代戏的表演认识有关,与对生活的尊重和学习有关。因而,舞台上他们的表演才会显得自然松弛,贴近生活,符合人物。自己之所以不入流,和三团的表演体系格格不入,是因为自己还没有从以往的程式化表演套路中解放出来,完全是扎着架子在演戏,和生活中的人物有着很大的距离。

在老师们的帮助下,张平第一次知道了斯坦尼斯拉夫斯基体系,真正理解了表演中的交流、刺激、反应、规定情境和人物关系等相关理论,也懂得了三团要求演员从生活出发,从内心寻找人物外部形体动作感觉的艺术追求。以此观照、反思后的张平意识到了自己存在的问题,那就是心中没有生活,不理解人物,所以表演就没有依据,只能用程式化的技巧去掩饰内心的不足。复排的《小二黑结婚》中虽然用了很多程式化、富有戏曲韵律的身段动作,但整体表演方面仍然是注重内心体验的,还是生活化的。要想演好现代戏,决不能只靠身上学的那点功夫,因为豫剧和京剧不同,现代戏也不像传统戏那样有着严格的行当分工和要求,你今天要演拴保,明天可能要演老小孩;今天需要演个好人,第二天可能就得演个反派。如果按照传统戏中的行当去演,那么,演出来的人物就会千人一面,缺乏个性。

思想认识上有了提高,找到了自己的不足和差距,张平首先从做小品开始,向生活学习,试着将自己身上无形的套卸下来,对以前程式化的表演习惯慢慢进行矫正。除了跟着剧团多看演出,张平私下里还读了很多和表演有关的书,其中印象很深、收获颇大的就是著名演员、导演、戏剧教育家金山的《万尼亚舅舅》。在这本书里,作者不仅详细分析了剧中角色的台词,还解析了其他人物在听到这些话时的内心独白。作者对人物的理解分析之深之透,令张平十分敬佩,深受启发。原来,演戏不是凭借一点技巧就能演好的,还必须学会动脑子,学会琢磨分析人物。只有这样,表演才能达到自然松弛,就像一团软和的泥,你想捏成什么样就是什么样,塑造的人物才会个性鲜明。

张平是个悟性很高的演员,在老师们的帮助下,他很快学会了如何分析把握人物。由于学会了走心,演戏的时候,他明显感觉和以前不一样了,表演渐渐放下了架子,从内到外显得很松弛。一年之后,他就融入到了三团的表演风格中,并在一系列剧目中担起了重任。

1979年,团里决定排演根据乔谷凡、陈慧君的淮剧移植改编而成的大型现代悲喜剧《爱情的审判》。刚进团不久的张平被选定为该剧的主要演员,这也是他进入三团之后参加排演的第一个新戏。该剧讲述的是社会转型期面对物质生活的贫富,不同人生观、爱情观让几个年轻人进行的不同选择,进而带给他们的不同命运走向。演员陶静和小菜场采购员叶建华谈恋爱,不料婚前变卦,嫁给了一个有钱有地位的外科医生,谁知没有爱情的婚姻让她痛苦万分,最后以离婚而告终。陶静的两个表妹凌锁妹和凌晓芳分别热恋着叶家两兄弟叶双庆和叶建华。妹妹凌晓芳以陶静为榜样,将金钱、地位、物质作为主要择偶标准,最后挑中了风度翩翩的叶建华。而叶建华为了满足对方的虚荣心,错误地吸取上次恋爱失败的教训,谎称自己是技术员,母亲是厂长,相亲之日,还苦求身为清洁工的母亲扮作保姆;为了筹集对方索取的高价彩礼,他又拿走父亲的迁葬费,卖了父亲的遗物,甚至偷走了弟弟的科研费。最后骗局揭开,凌晓芳方知受骗,羞愧之下发了疯。姐姐凌锁妹在农村搞科研时,和叶双庆建立了深厚的感情,不料遭到母亲的百般干涉,逼她退婚,甚至将其赶出了家门,凌锁妹在重压之下坚守爱情,最后获得了幸福。在婚姻问题上,剧中的男女主人公及他们的母亲都受到了爱情的审判。

在该剧中,凌锁妹由嗓子甜润的柳兰芳老师扮演,青年演员吴桂荣、韩梅也饰演该角色;凌晓芳由张月婷、高爱华、陈小香饰演;叶母由魏云、陈弘、潘秀云饰演;凌母由王翠芬、卢兰香、张焕菊饰演;叶双庆由刘宪培、涂永强、廉卫星饰演;陶静由陈爱玲、王金兰、崔燕饰演;采购员叶建华的A角是姚灵生,郑永生是二线,张平是三线。每个主要角色都有三组演员,这样既可无形中形成一种竞争,又能培养不同年龄层次的演员。不过,按照当时团里的规定,三线演员基本上是不演出的,导演也不给专门排,你就在排练场上看,学会以后有一个展示,但一般没有演出的任务,只是作为培养和带动青年演员的一种方法和模式。虽然知道排好了也不一定能够登台,可是张平还是非常珍惜这来之不易的机会。

虽然经过一段时间历练,张平已对三团的表演风格有所熟悉,但是这个角色对他来说仍是个不小的考验。姚灵生比张平大十几岁,是一个舞台经验丰富、表演技巧成熟的优秀演员,和韩玉生同属于三团的顶梁柱,是三团的当家小生,也是张平心中的偶像。郑永生也在团里待了多年,演戏也不少。那段时间,张平天天泡在排练场,看导演排戏,向两位老师学习。唱腔除了自己琢磨练习,还有母亲高玉秋的悉心指点。而且,为了让张平扎好豫剧唱腔的底子,母亲还教了他豫剧的很多传统唱腔和不同板式,让张平的唱腔在短时期内有了很大提高。每排好一场,张平就回到家琢磨再三,自己把戏走一遍,做到心中有数。这一切努力和付出不仅让张平的艺术水准有了新的提升,也无形中为自己赢得了机会。

戏排好后,团里给年轻人排演了一次。大家的表现不错,赢得了王善朴、魏云、陈新理、杜启泰、韩登庆、杨华瑞、柳兰芳等艺术家的一致肯定。尤其是张平,无论唱腔和表演,都有了很大的进步,在人物的把握和形象的刻画上都做得相当不错,演出了这一年龄段青年人的感觉,和初进三团时判若两人,已经完全有上这个戏的能力了。

由于这个戏贴近生活,非常受欢迎,演出也比较多,最初是姚灵生和郑永生轮流演出。慢慢地,表现突出的张平也开始参加这个戏的演出,也许是在年龄和心态上张平和这个人物感觉更加接近,而且和饰演母亲的魏云老师合作非常默契,就像是一对真正的母子,让人没有距离感,因而,到最后演出最多的变成了张平。

张平的嗓子虽然算不上太好,但在韵味和情感的把握呈现上还是比较准确到位的。杨兰春、王基笑、陈新理、梁思晖等老师对他十分满意,都曾称赞他悟性高、肯上进。这使他能够相当迅速、深入地融入到三团这个集体中,完全看不出以前是京剧演员。他在这部戏中表演比较松弛,在艺术表现上比较成熟。可以说,这部戏的成功,初步奠定了张平在三团主要男演员中的位置。

1980年,三团又排了一个根据评剧移植而成的现代戏《民警家的贼》,导演许欣。该剧是反映当代生活中失足青年转变历程的剧目。它以热情深沉的笔墨塑造了齐桂兰这样一个曾经犯过错误，后又立志向上、值得爱怜尊敬的形象。围绕着齐桂兰的活动，决定她人生命运的共有四组人物：以张大娘和派出所赵所长为代表，认为对曾经失足而今愿意从善向上的人要积极拉一把；大娘的儿子、女儿是一组，从最初的厌恶到后来逐渐喜爱；单美荣和二歪是公开犯罪、继续拉拢齐桂兰下水的一方；李科长及其女儿是另一组，对失足青年采取冷淡、歧视和排挤的态度。饰演齐桂兰的张月婷对人物把握很到位，表演细腻动人，分寸感强，也有一定深度。魏云饰演张大娘，陈新理扮演赵所长，刘凌和柳兰芳饰演李科长父女，张平饰演齐桂兰的男朋友、警察张国庆，而且是第一次作为A组人员参加排演。

这是一个身份和齐桂兰形成鲜明对比的人物。面对一个曾经犯过错的女孩，周遭人各不相同的态度也显示出他们不同的性格、心态和品质。身为警察的张国庆属于一个正面人物形象，他不但能够正确对待这个失足女孩，而且在交往中逐渐发现了对方身上的优点，进而不顾世俗的目光，与对方发展成为亲密的恋人关系。也许是在年龄和心态上更接近那个时代，张平在人物把握上比较到位，已经和韩玉生、姚灵生形成了三足鼎立的局面。后来，这个戏被电视台录音录像的也都是张平的版本。从此，张平在三团男演员中的主要地位得到进一步巩固，开始在河南豫剧的舞台上崭露头角了。

1981年6月，三团又排演了一个新戏《人的质量》。这是三团艺术创作中心根据李心田的同名小说改编创作而成的，编剧董新民（执笔）、陈新理，导演陈新理、马万楼。该剧讲述了解放军某部副司令员的儿子贺兆明由好逸恶劳、醉生梦死到痛改前非的转化过程，周围人对他的不同的爱，构成了戏剧的矛盾冲突，并对各色人等进行了歌颂、批评或者鞭挞。该剧没有离奇的情节，没有复杂的斗争，而是通过观众熟悉的日常生活和似曾相识的人物，提出了发人深省的问题——青年人应该怎样对待生活？在人生的道路上，我们该留下什么样的脚印？剧中副司令员贺秉诚由杜启泰、郭建民饰演，贺秉诚的老伴孟敏由卢兰香、王翠芬饰演，长子贺兆光由孙大振、刘宪培饰演，长媳潘素由魏云、陈爱玲饰演。张平饰演贺秉诚的次子贺兆明，是这个人物的A角。贺兆明是一个在动乱年代跟着母亲游街挨斗、受过人生苦难的孩子。然而，在改革开放时期，胸无大志的他一味追求物质生活的丰裕和时

● 豫剧《人的质量》剧照

髦,自觉亏欠孩子的母亲对贺兆明不仅不严加管教,反而一味袒护和溺爱,致使他在人生道路上越走越远,错误的人生观导致他最后走上犯罪道路。

这是一个张平从来都没有接触过的人物类型,从贺兆明这个角色身上,张平真正懂得了如何深入理解人物,走进角色内心。刚开始,张平觉得饰演这个角色应该难度不大,因为他的年龄和角色非常贴近,对主人公后来经历的生活和沾染上的一些毛病、坏习气也比较熟悉,比如讲究外在的时髦——蓄长发、留胡须、穿花衫、戴蛤蟆镜,工作上懒惰装病、挑肥拣瘦,生活上注重地位、虚荣心强等。由于对角色理解把握不够,忽略了角色老实、忠厚、善良的本质,因而最初演得比较肤浅,人物显得流气、散漫、滑稽。在《给青年敲个警钟》这篇角色体会短文中,张平对自己创作上的问题进行了反思:"导演和老师们及时开导我,说这样演就毁了,贺兆明这个人物就不亲切、不可爱了,那他犯错误观众也就不会感到心痛了。"后来,张平开始从深处挖掘人物,理清了人物变坏乃至犯罪的根源和心路历程,终于使得这个人物变得真实可信、有血有肉了。由于该戏贴近时代生活,提出了如何爱护子

● 豫剧《人的质量》剧照

● 豫剧《人的质量》剧照

女、关心年青一代成长的问题,具有强烈的现实意义,因而搬上舞台后受到热捧,引起了观众的强烈共鸣。《河南日报》《郑州晚报》《安钢工人报》纷纷给予关注。1981年年底,在河南省文化局主办的全省现代戏汇报演出中,该剧的演出再次受到关注,也吸引了全省很多院团前来学习。

随着时代的发展,紧密联系现实的省豫剧三团的剧目创作也随之变化,也让张平有了充分发挥自己才华的余地。可以说,经过几个戏的排演历练,张平在现代戏的舞台上很快成长起来,表演也开始从青涩走向娴熟,有时面对一些演出中的意外,处理得也非常自然贴切。

有一次,剧团在东方红影剧院演出《人的质量》,闭合的大幕再次拉开时,位于舞台中间的话筒被大幕打歪了,舞台监督发现这一问题时,饰演贺兆明的张平已经上场了,此时再跑上舞台去扳正也不太合适,但如果放任不管,音响效果肯定大打折扣。大家十分着急,不知该怎么处理。这时候,遭到父亲斥责、女友批评的贺兆明心情十分郁闷,只见他手拿着柳条,漫步于江边,以抒情的旋律倾吐着内心的苦闷和对自己生活状态的反思。刚上台,细心的张平就发现了话筒的问题,为了不影响整段唱腔和这场戏的效果,他灵机一动,迈着散漫的步伐边走边唱,走到舞台前面,以百无聊赖的样子将话筒扳正,还对着话筒唱了两句,表情动作配合得非常自然,观众不仅没察觉出什么问题,反而觉得这是人物的下意识行为和戏中的刻意安排。第二天,饰演这个角色的 B 组演员上台了,也是这段表演和唱段,但话筒并没有问题,这个演员头一天刚好看了张平的表演,知道他有这个动作,而且舞台效果不错,于是也走到舞台前方,将本来好好的话筒给扭歪了。从这个临时处理动作可见,张平当时对舞台的把控已经非常自如,表演也显得游刃有余了,恰如其分的表现不仅很好地解决了问题,也让观众相信这样的表演乃人物情绪表达的需要。

这三个剧目的连续排演,让刚刚二十出头的张平开始步入艺术的坦途,很快在观众中有了一定的影响。那时候的张平正值青春年华,眉清目朗,个头挺拔,十分帅气,尤其是他身上流露出的当代城市青年的气质、活力和表演上自然呈现出的现代感,在之前的老师们身上是没有的。也许,这一时期三团所排剧目中反映出的现代青年的特点,和张平的形象、气质比较接近,演员队伍中也缺乏这个年龄段更适合的人选，因而给他带来了很好的机会。

事业上的成功不仅让张平开始在全省青年演员中崭露头角，使得同行院团前来观摩学习，而且吸引了很多女孩子给他写信。母亲高玉秋有些担心，怕张平因此而不思进取，更怕他面对多种选择抵不住诱惑。

20世纪80年代初，曾被人称作是值得一再复述的启蒙岁月。改革开放的兴起，使得社会氛围变得十分宽松，持久的压抑之后人们的思想意识格外活跃，朦胧诗、港台电视剧、流行歌曲、喇叭裤等，开始逐渐渗入人们的生活。善于接受新鲜事物的年轻人首先成为各种思潮的引领者。

青春期的张平开朗洒脱，又处在事业的上升期，自然免不了透出一丝志得意满的骄傲，加上有些颠覆传统的生活方式和理念，惹得老人们有些看不惯。1981年，团里开始排演《朝阳沟内传》，作为编导的杨兰春虽然已调到省文联工作，但仍和三团保持着密切的联系，对张平也有所耳闻，还曾说："对张平这样的年轻人要教育、打压一下，让他知道知道马王爷几只眼，不能太傲气。"因此，这回他连群众角色也没有给张平安排，就让他负责拉大幕，只要不生病，谁都不能替换。对于杨老师的要求和安排，张平起初有些想不通，也特别不理解，他不知道哪里得罪了这位德高望重的老前辈，但是出于敬畏，虽然心里有气，也不敢有怨言。就这样，这个戏排好后，在郑州连演了108场，张平也老老实实拉了108场大幕。9月，该剧进京演出期间，杨老师主动找到张平谈了心："我这样做，绝不是对你有意见，千万不要有压力。年轻人不能有一点成绩就翘尾巴，一定要多实践，多学习，要不然很难进步。"回来之后，他还主动送给了张平两套书——《莎士比亚全集》《曹禺全集》。此时的张平才明白杨老师的良苦用心。不久，杨老师应邀去中国戏曲学院讲授豫剧《小二黑结婚》和《朝阳沟》的创作情况，还特意带上了张平，让他跟着旁听，这种特殊待遇让张平十分感动。

1983年，三团又排演了一部表现改革开放初期农村两代人因思想意识不同而产生冲突的现代喜剧《倔公公偏遇犟媳妇》（编剧李殿臣、牛冠力，导演陈新理、马万楼，作曲朱超伦、梁思晖、姜宏轩、张景平、安之语，主演杜启泰、卢兰香、柳兰芳、魏云和青年演员孙茜茜、张平、海红英等），通过中原某农村一个普通豆腐世家所发生的矛盾和变革，折射出了党的十一届三中全会以来农村的变化和青年一代立

● 豫剧电影《倔公公与犟媳妇》剧照

志改革的时代精神。倔公公刘万顺因循守旧,保守落后,围绕着豆腐坊的改革、扩建、实现机械化等问题,和以犟媳妇张改改为代表的创新派发生了矛盾冲突。刘万顺坚持赶毛驴、拉石磨,张改改则主张改革,大刀阔斧干一场。后来,在众儿女的帮助下,刘万顺终于转变了思想。该剧乡土气息浓郁,情节生动有趣,人物鲜活而富有个性。

剧中,以改改、建芳、小三、大妞等为代表的年轻人,身上有着与老一辈人完全不同的时代特点。张平饰演的是刘万顺的儿子刘小三,这个人物有着改革时期青年人的共同点——执着追求、敢想敢干,更有着自己的独特之处——聪明调皮、时尚新潮,这和张平的个性颇有几分契合,因而虽然戏份不多,张平却演出了人物的特点和神韵,剧场效果很好。1983年10月,《倔》剧参加了在郑州举办的全国现代戏年会演出,受到广泛好评,参加年会的诸位专家就该剧专门召开了研讨会。汇演归来,剧团又上山下乡,在伏牛山区、太行山区连演一百二十多场,仅在辉县县城(现为辉县市)就连演21场,场场爆满。1985年,该剧被长春电影制片厂搬上银幕,

● 豫剧电影《倔公公与犟媳妇》剧照

得到了更广泛的传播。

1984年4月，除对《倔》剧进行加工提高外，三团还同时排了两部戏，其中一部是根据上海滑稽剧团同名剧作改编的《阿混新传》（莘敏、朱凡改编，刘凌导演）。这是一出幽默诙谐的现代喜剧：某市农业饲料厂青年工人杜小西，是一个在家吃闲饭、在厂吃大锅饭、上班打扑克、旷工去旅游的"阿混"。面对厂里进行的文化技术考核，他作弊未成，反而露馅；他前往邂逅的农村万元户肖梅英家去当女婿，结果又遭遇考验，出尽洋相……从城里到农村，阿混处处碰壁，深感绝望，最后在同志们和亲人的感召下，终于鼓足勇气，弃旧图新，开始了新的生活。该剧反映了青年工人杜小西从落后向先进转化的过程，是一出清新欢畅、情趣横生、发人深思的现代戏。主演有杨华瑞、马琳、柳兰芳、王善朴、张月婷等，张平饰演剧中男一号杜小西。

这样的转变型人物，张平并不是第一次碰见，对他来说，难度不算太大，关键是要找准这个人物的独特之处，不能演得太类型化而失去了特色。张平认为，阿混是个不思进取而又追求物质享受的人，但终因经济不支、社会不允而作罢。单从阿

● 豫剧电影《倔公公与犟媳妇》剧照

混这个外号上便可窥见人物的某些个性,如得过且过、浑浑噩噩、无所作为、好逸恶劳、不务正业等。这种个性的形成有多重因素,有社会不良风气的影响,有奶奶的溺爱、纵容,更决定于个人的内在思想和态度。最终,众人的情感感化成为他转变的关键,让他重新确立了自己的生活方式和努力方向。

几个大戏下来,张平的表演有了巨大的提高和飞跃。此时的他也渐渐明白,在贴近生活的现代戏中,尽管以往掌握的技艺不能直接呈献给观众,但"四功五法"仍然有着重要的意义,而且舞台表演艺术的最终目的是塑造人物、表达情感、体现神韵,演员的基本功自然会在举手投足间流露出来,使表演彰显出戏曲的独特美感与韵律。通过一系列剧目,张平在现代戏表演上也显得更加游刃有余,并逐步在三团占有了一席之地,得到了更多观众的认可。

● 豫剧电影《倔公公与犟媳妇》剧照

## 三

正当事业进展顺利,开始步入演艺生涯的黄金阶段之际,前途一片光明的张平却做出了另外的抉择。

时间还得追溯到几年前。1981年,张平的爷爷身体已经不太好了,因为家中无人照料,张平的姑姑决定将他接到自己身边(四川德阳),而且那里的医疗条件也相对不错。临行之前,张平赶赴开封探望老人。在爷爷家,他见到了在南开大学中文系当主任的五叔。晚上,安顿好老人休息,好久未曾谋面的五叔和张平聊起了天。五叔关心地询问起了他的状况:"你现在在团里干得怎么样啊?"张平说:"还不错吧,因为是在我爸的那个单位,团领导和长辈们对我都很照顾。在那儿还算比较顺心,也排了几个戏。"

听到张平的近况,五叔稍感欣慰,除了鼓励,他又对张平的未来提了些自己的看法。"你爸妈都是搞艺术的,你能继承他们的事业,这很好,而且河南的戏曲氛围

豫剧电影《倔公公与犟媳妇》剧照

很浓,只要好好干,一定能做出点成绩来。但我们家是书香门第,而你们这一行对文化的要求好像普遍不高。我的意思是,即使是做演员,也不要满足眼前,要注意多学习文化,这对你今后演戏会有很大帮助。另外,戏曲演员的艺术青春相对较短,你看能不能同时选择一个和你专业贴近但需要更有文化、艺术生命更长久一点的专业?"

张平沉思了一会儿,回答道:"那就应该算是导演了。不过,当导演可是不容易啊,既要懂得戏曲,熟悉舞台,还得学习很多理论知识,没有一定文化底蕴是干不好的,那可是另外一功。"

"你这么一说,我觉得这条路还真不错。没有文化不怕,咱可以补嘛。叔叔希望你不要满足于现状,要多学习,在导演方面好好钻研一下,也希望你今后能成为河南戏曲界一个有文化、有实力的导演。我想,你爷爷肯定也会同意的。"

叔叔这番话,让张平暂时平静的内心掀起波澜。从开封回郑州后的很长一段时间,同事和家人发现,一向活跃的张平常常一个人静静地坐在那里发愣。对于大家的关心,张平只是淡淡地一笑了之。此刻的他,既为叔叔的建议所打动,同时又有着自己的担心。现在自己在三团刚刚立住脚,也正是演戏的最好年龄,领导也很重视,如果就此放弃,实在有些舍不得。到底应不应该听叔叔的话?未来的路究竟该如何走?这个想法让张平纠结犹豫了很长一段日子。

  思虑再三,张平决定一方面继续好好演戏,同时开始做另外一种努力,争取多一条出路和选择。当然,要开始一个崭新的行业,对张平来说还面临着不小的困难,首先是文化知识的欠缺。由于离开学校较早,文化水平有限,距离考大学的要求还很远,需要学习的东西太多太多。下定决心后,张平把大部分时间和精力都用到了对考试的准备上。那一时期,社会上特别崇尚学习,兴办了很多夜校和文化补习班。为了提高学习效率,张平也加入了这支队伍,开始从语文、地理、历史、政治等全方位补起;还专门聘请了个文化课老师,在演出的空当补课。同时,他还阅读了《西洋戏剧史》《中国戏曲史》《中国文学史》《莎士比亚全集》《巴金全集》以及莫里哀、易卜生、奥尼尔等国外剧作家的作品,并进行了大量的写作训练。这样的学习前后共持续了三年时间,其间虽然少了些演出闲暇放松的乐趣,多了不少攻坚克难的辛苦和寂寞,但就在这点点滴滴的学习中,张平的文化素养和思想认识逐渐得到了提升,这在某种程度上对他的演艺事业也是一种无形的促进。这几年里,张平先后排演了《人的质量》《倔公公偏遇犟媳妇》《拾来的女婿》《阿混新传》等,表现不俗。他之所以能够得到大家的肯定,与他几年来的自觉学习密不可分。

  1984年,张平迎来了他艺术之路上的一个转机。

  这年年初,河南省豫剧一团为青年演员汪荃珍排演了一部移植剧目《凤冠梦》,邀请的导演是上海戏剧学院导演系副主任、著名教授薛沐老师。为了工作方便,同时也为了节省开支,团领导想借用一下团里人员的闲置房子。那时候,高玉秋在一团分有一套几十平方米的小房子,张平自己居住,正想学习导演的他听到这个消息,觉得这是个学习的绝佳机会,就主动腾出房子,把房间仔细打扫了一遍,以迎接这位尊贵的客人。那些天,工作之余的张平经常往一团跑,一是抽空观看排练,再就是去找薛沐老师请教聊天。对张平想学导演的想法,薛老师非常高兴,也很支持,但是,为了避免年轻人的三分钟热度,他有意识地泼了些冷水,想让他自己再好好想一下。

"你是一个很不错的演员,能够不断上进是件好事。但表演和导演是两个完全不同的门类,一个好演员未必就能成为好导演,必须要具备相应的素质。而且从演员向导演转换也是一个艰难的过程。首先需要有一定的文化知识和生活积淀,这样才能对剧本和人物有准确、深入、独到的理解和阐释,才能驾驭把握好全局。特别重要的是,导演的思维和表达方式也和演员不同。演员是感性的,根据自己的理解,运用一定的手段将其表现出来就可以了;而导演偏重的是理性思维,要把自己的理性分析和艺术构想传达给各部门,最终通过演员表现出来。我不知道你对导演方面有多少了解和认识,但是你必须要做到心中有数。今年我们学校就有一个向全国招生的导演干部专修班,你如果真愿意,就要提前做好准备,而且必须接受一定的专门训练。"

听了薛老师的话,张平冷静思考了几天后,再次表明了自己的意愿。看到张平确实对导演感兴趣,热情的薛老师针对考试要求,开始给张平进行一些专业上的辅导。首先是根据专业理论考试要求,给他讲述《中国戏曲史》《西洋戏剧史》,让他阅读古希腊戏剧、苏联导演古里耶夫的《导演学基础》等书籍。再就是进行专业方面的训练,布置了几个命题小品,如《路遇》《重逢》《离别》《发现》等,让张平自己编创设计并进行表演,再针对性地对其中的不足进行修正。经过薛老师的指导训练,张平对导演艺术有了进一步认识,编创能力也有了明显提升。

1984年秋,郑州市办了一个为期一个半月的导演培训班,省内的很多年轻人参加了培训。得到消息的张平特别珍惜这个机会,极力向领导要求参加,开学两天后他也如愿参加了这个班。这次集中培训交流,张平收获颇大。

不久,上海戏剧学院导演干部专修班招生开始了,由于准备充分,文化课、专业理论考试张平都顺利过了关。次年4月,接到三试通知的张平来到上海戏剧学院,参加最后一轮选拔。来到上海这个繁华的大都市,步入心目中的艺术殿堂,敬畏、羡慕、向往之情一起涌上张平的心头,他多么渴望能尽早来到这里呀!

对于朗诵、演唱、肢体表现等考试内容,张平一点都不担心,也考得非常顺利,最让他感到忐忑的就是命题小品环节了。因为题目都是现场抽取或老师临时出的,准备时间只有半个小时,是否会碰到熟悉的内容,能否顺利完成,谁都没有把握。当时的评委老师有薛沐、张仲年、朱凤兰、杨关兴等。主考官胡导听说张平前不久刚排演了一部新戏《阿混新传》,等薛沫老师做了简单介绍后,就给他出了一个题目:《阿混游少林寺》。作为主演,张平对阿混这个角色虽然很熟悉,但主考老师要求的这个故事情境却是全新的、陌生的。阿混为什么游少林寺?人物的状态是什么?用阿混的性格怎么表现?他在少林寺都做了些什么?最后达到什么样的效果?在场外准备的张平脑子快速飞转思考着。最后,他将人物设置为失恋状态下去游少林寺:当时,屡次碰壁的阿混又遭遇到恋爱失败的打击,心里十分沮丧苦恼,于是,他手拿着酒瓶,醉醺醺地走进了少林寺,在里面看到了一些雕塑、塔林,一番赞叹之后,又跟着学起了醉拳。酒劲稍散,看到寺中的众僧为参加国际比赛、弘扬中华少林武术精神而苦练功夫,阿混不禁受到感染,决心从痛苦中走出来,努力做个有用之人。

由于此前经过薛沫老师的指导,张平在这一环节上有的放矢,做了不少的训练,因而,他的设计和表演得到了考官们的一致好评,最终以优异的成绩顺利通过了面试。

1985年,张平正式入校,来到心中期盼已久的大学,开始了全新的艺术征程。入校第一节课,老师就给大家讲述了导演在一部戏中的地位、作用和独有的思维方式:"你们是舞台艺术的指挥者、舞台演出的作者。一部戏要有自己的个性,而作为一名合格的导演,更要彰显自己的个性,要有自己独特的思考……"身为演员的张平开始在思想认识上进行一次全新的转换。

这一届导演班分为两个组:话剧组、戏曲组,每组16个人。当时,班里教学的指导思想就是让话剧和戏曲进行有机融合,因而,在兼顾本专业内容的基础上,戏曲组学生重点学习斯坦尼斯拉夫斯基、布莱希特戏剧体系以及中国话剧焦菊隐、黄佐临等人的创作;而话剧组重点学习中国戏曲表演体系的东西,包括唱腔、身段、锣鼓经和地方戏剧种。授课老师都是当时国内的名家,如讲授《观众审美心理》的是当时国内最年轻的文科教授余秋雨,陈多老师、曹禺先生给他们上过编剧课,讲授表演课的老师有焦晃、祝希娟、仲星火等,讲授舞台美术的老师有胡妙胜、徐海珊等,李建平老师担任教导员。

进校头一年,大家用半年的时间学习表演,包括戏曲表演、话剧表演。尤其是对话剧表演的学习,让张平对现代戏的人物刻画有了更加深刻的认识。第二学期是导演技法，这是张平以前从未接触过的，和这些具体技法相结合的就是对一些剧本的分析处理，比如《榆树下的恋情》《等待戈多》《安娜·克里斯蒂》《雷雨》等。一般是先深入阅读剧本，写出自己的认识思考，再根据个人理解，调整修改剧本，阐释自己的舞台艺术处理。这时候，张平才真正意识到五叔的叮嘱教导的深意，深切感受到平时多读书的诸多好处。第二年是进行《枯木逢春》的片段练习，将所学理论知识运用到实际操作中。第三年是分组导戏，做进一步强化练习。分组导戏需要大家自己选择剧本，由戏曲组导演进行话剧创作，话剧组则去导戏曲剧本。正是这样的融合积淀和扎实训练，使得大家面对今后的艺术创作显得更加自信从容。

除了理论方面的系统学习、大量的实践练习，令张平最兴奋的就是对国内外艺术团体精彩演出的大量观摩。大都市的开阔视野，艺术高校的良好氛围，众多名家的悉心教授，让张平感觉这三年的生活过得充实而有意义，整天都处在兴奋的状态中。

1988年3月，在准备毕业作品时，张平觉得日本著名编导黑泽明的电影《罗生门》情节、形式非常适合戏曲，于是就将其加以中国化、戏曲化的改编，背景改成了中国的明朝，故事情节、戏剧冲突、人物心理等也都做了适合戏曲表现的改动，包括写唱词。同时，他又在导演阐述中对该剧在舞台上的艺术呈现做了详尽的分析。这份作业是张平三年学习的一个总结，最终得到了老师的肯定和好评。

此外，导演班学生还共同合作，精心准备了一台由他们创作的节目。张平十分珍惜这最后的展示机会，独立执导完成了荒诞戏剧代表作家贝克特的《等待戈多》，并在剧中饰演幸运儿。该剧以两个流浪汉苦等"戈多"，而"戈多"不来的情节，喻示人生是一场无尽无望的等待，表达了世界荒诞、人生痛苦的存在主义思想和现代人的生存困境。该剧没有完整的故事情节，更不符合传统戏剧的模式，充分体现了荒诞派戏剧"场面单调、对话贫乏、时空抽象、动作猥琐，既无冲突更无高潮"的反戏剧特征。剧中的主要角色"戈多"始终没有出场，五个登台的人物，行为荒唐可笑，记忆模糊不清，语言模棱两可，是一出"什么也没有发生的戏"，却又是一出让人期待会发生点什么的戏。对于荒诞派戏剧，张平也是到了上海戏剧学院之后才有所了解的，选择这部戏做毕业汇报，对张平他们来说也是挑战，因为对这部作品的理解乃至艺术表现形式，他们也是在反复阅读和体味中逐步加深的。为了检

● 戏剧《等待戈多》剧照

● 戏剧《等待戈多》剧照

验大家的学习成果,该戏排好之后,在上海进行公开售票演出,一连演了几十场,很多地方的话剧院团闻讯专程组织前去观摩,该戏还得到了黄佐临、曹禺等戏剧名家的肯定和好评,影响很大。

1988年6月,带着三年学习的成果,信心满满的张平重新回到了给予他滋养和展示平台的河南省豫剧三团。他希望向各位师长证明他当初的选择是正确的,也希望在这个深爱的艺术园地尽情释放自己的才情。

张平当初选择报考戏剧导演,除了五叔的建议,也有他自己的考虑。20世纪70年代末,杨兰春去了省文联工作后,三团的剧目基本上就是许欣、陈新理、刘凌等几位老师担纲导演。虽然这几位老师正值艺术盛年,但年青一代中并没有人继承这方面的事业。而三团之所以能形成自己独有的艺术风格,与编、导、音等整个创作群体密不可分,深爱三团的张平也想成为其中的一员。当然,他最初只是想在文化方面有所提高,只是越深入进去,越觉得兴趣浓厚,因而才在最后时刻确立了这一目标。

张平坚定考导演这个想法,是在见到薛沫老师并与之深谈之后。那时,确立了目标的张平为了迎接考试,每天都要利用一切闲暇时间复习,这样,他想考学的消息就迅速传开了。已是主演的张平做出这一选择,大多数人都觉得不可思议,就连关系一向不错的师长们也是意见不一。有的老师就说,你别异想天开了,戏演好就行了,还学什么导演啊。有的领导也反对,因为在那一时期三团许多新创剧目中,张平多次担纲主演,已逐渐成长为新一代演员队伍的核心一员。三团的一些老师对他寄予了很大希望,对他就像自己儿子一样关心爱护。初到三团,张平在现代戏表演上还摸不准方向的时候,是他们及时给予他指点帮助;后来,张平参加新剧排演,经常写些表演体会和日记,他们都会认真加以批改。可以说,张平是三团老一辈艺术家特别喜欢、非常重视、寄予厚望的优秀青年演员,三团的老师们在张平身上付出了很多心血,这是张平艺术成长过程中一个很重要的因素。所以,对于张平选择转做导演,他们起初都很不理解。不过,那时候也有一些人同意张平这一选择,像梁思晖团长、王善朴老师、魏云老师等。他们认为,年轻人有理想是件好事,喜欢的事情就让他大胆去干。后来,许欣老师还主动给上海戏剧学院写了推荐信。

就在张平全心全意备战艺考的时候,1985年初,为了促进河南戏剧的发展繁

● 戏剧《等待戈多》剧照

荣,推动新剧目的生产建设,河南省文化厅决定开展全省戏剧大赛。这是全省第一次设立如此重要的赛事,各戏剧院团都在积极备战,共有4个剧种、20个剧目参加。作为全省现代戏创作的专业省级院团,省豫剧三团也在广泛搜集剧本,最后选中了韩尔德创作的现代戏《拾来的女婿》,后来经三团团长、剧作家董新民老师参与修改后,开始正式搬上舞台。

这个戏故事并不复杂,也不新奇,它通过讲述普通人的普通愿望、追求和情感,表现了人和人之间新旧思想观念的碰撞和变化,再现出新时期农村青年勇于开拓的精神风貌。全剧共有七个人物——父女俩、婆媳俩、一个村干部、一个拾来的女婿、一个小孩。担任该剧导演的仍是陈新理,虽然他对张平考导演的想法不大支持,但是依旧十分看重他,提出让他主演男一号孙志强,因为经过几年的磨砺,张平在现代戏表演上已经积累了一些经验,其个人气质尤其适合这一角色。

这出反映当代农村火热生活的剧目,着力塑造了孙志强这个勇于开拓、敢想敢干的新时代青年形象。在农村老一辈眼里,这是一个不守本分的人,原来租汽车搞运输赔了本,被招为上门女婿后,又承包起了村里荒废多年的果园,因而被未来的岳父赵来运赶出了门。赵的邻居、年轻寡妇常丽君欣赏孙志强的勇气和能力,接纳并给予孙志强大力支持。果园丰收在望之际,红眼嫉妒的村长李霜降想撕毁合同,对孙、常关系恶意中伤,意欲将其赶出村子,后又生计想让女儿嫁给孙志强;赵来运也想抢回这被赶出门的女婿。然而,孙志强却不顾众人鄙夷的目光,毅然选择了志同道合的常丽君。

作为农村改革浪潮中涌现出的代表性人物,孙志强身上虽然有新时期进步青年的特点和共性,如有胆有识、不屈不挠、敢于冲破传统思想羁绊等,但其独特的经历和性格也使得这个人物不再像过去的形象那样显得单一,而是在展现角色优点的同时也展现他的一些弱点,如失误、脆弱、迷茫、粗暴。"编剧和演员、导演在完成这一形象塑造时,在强化角色倔强、韧性等性格主导色彩的同时,又适度地点染其他杂色,这些从不同层次、不同角度围绕主体的反衬,使得人物性格整体更趋真实丰满、鲜活立体"(萧白丁《现代戏人物的杂色美——浅谈孙志强等人物形象的塑造》),而不是某种概念的传声筒,其他几个人物也是如此。这也是该剧和同类剧目不大相同之处。正如著名戏剧评论家廖奔在评论文章中所说:"这是一出带着显著时代特征、富有浓郁乡土气息的现代戏,它没有流于一般歌颂农村承包责任制的主题图解,而是通过具体的人物形象刻画,通过主人公的命运遭际,来引起人们的多种思考。"张平在剧中的表演真实细腻、自然朴实,分寸拿捏得当,演出了人物的丰富性和层次感,浑身透着新时代农村青年不肯服输的倔强和勇于开拓的胆识。张月婷、杨华瑞、杜启泰、郭建民、孙茜茜等几位演员的表演也都各具特色,使得整个戏满台生辉,演出反响强烈。

排演《拾来的女婿》一剧时,张平同时忙着备战上海戏剧学院导演系最后阶段的考试。有一次,不知不觉复习到凌晨4点,他才倒头睡下,结果睡过了头。正好第二天上午要进行内部彩排,文化厅副厅长王南方要过来审查,全团人都准备好了,却迟迟等不来一号主演,陈新理老师急得像热锅上的蚂蚁,看见匆匆赶来的张平,劈头盖脸就是一顿大吵,张平心里内疚得直想骂自己。好在大家的表现不错,领导也给予了相当高的评价,导演这才略微消了点气。陈新理老师知道张平一心准备考学,虽然嘴上说反对,但并未阻止,更没有因此换演员。深感不安的张平之后再

● 现代戏《拾来的女婿》剧照

● 现代戏《拾来的女婿》剧照

● 现代戏《拾来的女婿》剧照

也没有耽误过演出。入学后，为了整个戏的需要，他还是参加了当年举办的全省戏剧大赛，该剧最终和《倒霉大叔的婚事》并列获得银奖（金奖1个），之后又参加了省电视台对该剧的录像和戏曲电视剧的拍摄。

《拾来的女婿》是张平演员生涯的一个高峰，也是他转行前的最后一次历练。虽然收到通知书的一刹那，张平是那么的兴奋，可是，一旦要离开这个地方，他却又生出诸多的不舍。他明白，是三团这个集体给了自己不断成长和展示自我的舞台，七年的美好时光虽然不算长，但已经深深镌刻在了张平的人生记忆中。毕业那年，很多同班同学都进入了较为火热吃香的影视界，形象不错，又能演戏且人缘颇好的张平本可以有诸多选择，但他没有丝毫犹豫，毅然又回到了河南这方沃土，回到了培育他成长的省豫剧三团。"因为这里是我的根，有我的记忆、希望和追求，有我实现梦想的舞台，还有对诸多老师的挚爱。"

再次回到这个熟悉的集体，张平心里颇为感慨。

三团领导对这位高才生的归来非常欢迎，也很重视，很快就让他直接进了艺术创作室。刚回团，张平就迎来了一次难得的实践机会，在《归来的情哥》一剧中担任主演，同时兼导演助理，并在当年的第二届戏剧大赛中获得第四名的好成绩（铜奖）。此时的张平还不满30岁，正是激情四射和追逐梦想的年龄，而且，高等学府三年扎实系统的学习，让他掌握了戏剧导演行业很多新的观念和手法，也让他无形中变得有些气盛、自傲。然而，不久他就在创作中实实在在栽了个跟头。

1989年，团里开始排演移植的现代戏《东方女性》，张平的身份和工作是导演助理，协助陈新理老师。为锻炼张平，陈导交给他一场戏，让其独立完成。为了在大家面前好好露露脸，张平确实下了一番大功夫，他按照学校学来的那套创作模式和方法，精心制作了一百多张卡片，上面写满了人物的出场方式、舞台上的位置、说话的语气和表情、其他人物的内心独白与反应，以及舞台调度、道具运用等内容。开始排练了，张平带着厚厚的一沓卡片上了排练场，信心满满地开始指挥排练。然而，人物的一段慢板唱腔还没完，戏就卡了壳，排不下去了。那场戏的处理，张平的想法确实很丰富，也很细致，演员上场后，一边演唱一边表演，一会儿拿个茶杯，一会儿又拿张报纸，不一会儿桌子上摆了很多道具，可戏没法往下演了。场上的张平不知所措，心里感到又急又窘。

看到张平实在没有办法，在旁边耐心观看的陈新理老师终于说话了。"你能把道具拿上来，就不能想个办法给处理下去吗？搬道具是情绪的需要、角色的需要，你仍然可以用情绪、事件或者矛盾处理下去呀……"说完，陈新理老师就开始进行调整，很轻松地就化解了这些问题。张平在一旁认真看着，心里的疑问也随着老师的巧妙处理而得到一一解答。

排练结束后，张平没有哭，只是恼怒得想把头往墙上撞："唉，自己这几年真是白学了。"后来，他又去陈老师家里求教，陈老师也结合这次排练中出现的问题，给张平讲了戏曲舞台上的导演手法和处理原则。"话剧演员在舞台上独处的戏，尤其是独立思考的戏比较少，但这恰恰是戏曲的特点和优点，它能把人物的内心活动和各种情绪通过唱腔给传达出来。当然，由于人物情感的需要，有些唱腔的拖腔和过门儿可能会比较长，这个时候如果处理不好，演员在舞台上就会显得离戏，有些尴尬。你要记住，唱腔是人物情绪的表达，唱词唱完不等于是人物情绪的结束，拖腔和过门儿依然是情绪的延续，你照样可以根据人物的心理活动、内心矛盾和舞台上的冲突继续做戏。"老师的一番话让张平茅塞顿开，看来有些东西并不是从书本上就能学来的，必须要实践，必须磨炼到一定时候，才能真正将理论理解运用得透彻、自如。

从此，张平再也不敢自以为是，再排戏时，他就始终盯在排练场，老老实实跟着学习，仔细感悟、思考老师在艺术处理上的点点滴滴。同时，张平又到杨兰春老师家里求教，杨老师说："这没有捷径，只有下去多实践、多锻炼。"后来，团里的老师们再应邀出去排戏，就经常带着张平，让他边看边学，有时也会找些小品之类的节目，让他参与排练。

## 四

专修导演后回到家乡的张平，一面潜下心来继续学习表演理论，一面在实践中积累舞台经验，但他并没有放弃演员这一本行。

1990年5月，洛阳市豫剧二团准备排演现代戏《闯世界的恋人》，导演邀请的是上海戏剧学院教授、时年75岁的胡导。胡导从20世纪30年代起就活跃在舞台上,被誉为当时上海滩著名的"四小导演"之一,是一个颇有成就和影响的著名话剧导演,曾培养了焦晃、杨在葆、梁波罗、李家耀、胡庆树等一大批观众耳熟能详的名演员、名导演。胡导对整个戏的构思和处理都非常好,但是,由于不能亲自示范,很多理念和演员沟通不了,这种隔阂让演员接受起来有难度,一些想法也就无法得到落实。不过,在全省第三届戏剧大赛上,该剧还是取得了优异的成绩,在31台剧目中名列第三。

为给主演陈淑敏申报中国戏剧梅花奖,1991年,洛阳市豫剧二团准备对《闯》剧进行加工提升,进京汇报演出。当时,团领导就想找一个既能贯彻胡导理念又特别熟悉戏曲表演的导演,而且男一号演员也要更换。他们就让编剧姚金成推荐人选。姚金成第一时间就想到了张平,因为姚金成1983年到上海戏剧学院编剧班进修,算得上是张平的校友、师兄,内心自然觉得亲近一些;而且张平是在三团成长起来的,擅演现代戏,刚毕业就跟着陈新理导演参加并主演了他编剧的现代戏《归来的情哥》(与田敏分饰男女主角),表现不俗,令人印象深刻,也特别适合大发这个角色。最重要的是,胡导又是张平上海戏剧学院求学期间的恩师、班主任,受过系统教育的他一定能将老师的意图理解得准确到位。于是,姚金成首先给胡导老师打了个电话,征求他的意见,没想到对方答应得非常爽快。接到通知,张平也很兴奋,能和老师一起合作,这样的机会太难得了。

为了工作方便,同时照顾年事已高的恩师,张平到洛阳之后,就被安排和老师住在一个房间。不愧是胡导的亲传弟子、得意门生,对于老师的创作理念,张平果然贯彻执行得很好,很多艺术构思、舞台处理和老师一拍即合。身为戏曲演员的他,不仅能够将老师的想法很好地传达给演员,而且可以亲身示范,因而排演工作非常顺利。胡导老师作为总导演,白天只是在场上盯着,主要排练工作都是由张平来具体实施。晚上,师徒二人就在一起商讨总结,胡老师还会对张平排练中出现的问题提出意见。那些日子,身为导演和主演的张平虽然排练很辛苦,但是,这样的实践锻炼让他收获颇多,因而每天都显得精神饱满。

1991年,《闯》剧进京演出,连演四场,剧场效果极佳。当时文化部代部长、诗人贺敬之看完戏接见剧组时,激动得在台上讲了40多分钟,对该剧给予了充分肯定。老作家李凖更是称赞:"你们真是不得了!男女主演表现非常好,让我感动得掉

● 现代戏《闯世界的恋人》剧照

了四次眼泪！"戏剧评论界也给予了很高评价，还有人开玩笑地说："胡导不胡导，导得非常好。"内心忐忑的张平听了大家的评论，才算长长舒了一口气，而胡导老师也深知张平在其中付出了多少心血和努力。

这是张平担任导演后第一个进京演出的剧目，不仅戏打得很响，女主角陈淑敏也如愿摘得了中国戏剧梅花奖。

《归来的情哥》和《闯世界的恋人》，是张平毕业之初参加导演并主演的两部重要作品，也由此开启了他和编剧姚金成多年友好愉快的合作历程，如《西门风月》《村官李天成》《悠悠我心》《兰考往事·焦裕禄》《轩辕大帝》《赤壁周郎》《魏敬夫人》等。而《归》剧中的秋富和《闯》剧中的大发，可以说是新时期现代戏中涌现出的两个比较富有特色的崭新艺术形象，描绘了社会转型期农村青年走向城市过程中的人生沉浮和命运悲欢。《归》剧中的青年农民郭秋富最初因为拿不出800元彩礼，被迫与女友枣花分手，后来，枣花勇敢挣脱了不幸婚姻。当年悲愤离乡、在城市淘得第一桶金风光回乡的秋富事业也红红火火，不料秋富的浮躁、迷失最终让他在

● 现代戏《闯世界的恋人》剧照

市场大潮中失足破产,母亲受到惊吓生气而死,自尊心强的他再次挥泪离去。《闯》剧中的大发,最初也是由于经济贫困,婚事遭到女方家长反对,他和勇敢的石榴一同逃婚到城市,开始寻求新的生活。然而,生活的困顿、现实的压力、金钱的诱惑、内心的失衡,让急切渴望出人头地、改变命运的大发迷失了自我。他背叛患难之妻,以自身换来梦想的富贵生活,最后却也是路断梦碎,身残命殒。这两个悲剧性的人物,体现出新时期农村青年不甘于在黄土地上辛苦刨食,想要改变命运的强烈渴望,他们身上既具有新时期时代弄潮儿的觉醒和奋争,又难以抵挡社会上物质、美色的诱惑和某些不良风气的影响,最终做出了错误的选择,由此酿成了爱情磨难和生活悲剧。这两个人物反映了在价值观裂变的时代,农村青年走向城市过程中所经历的生活和情感方面的冲击与变化,而且人物自身性格的复杂性和矛盾性,使得这两个角色身上呈现出以往现代戏中所没有的深刻意蕴和独特色彩,也使得剧目和人物具有了新的价值和意义。

张平虽然没有体验过农村生活,但对物质生活的贫苦深有体会;而且,目睹并

● 现代戏《闯世界的恋人》剧照

亲历了时代变革的他对男主人公的内心波动和思想变化也能感同身受。尤其是上海戏剧学院三年的学习熏陶，使得他在塑造人物方面有了新的理解和认识，吸收了很多话剧表演的元素，身上具有城市青年独有的内在气质。因而，舞台上的他内心体验充分，人物把握准确，表演收放自如，具有感染人心的内在力量。

在胡导老师以及三团众多老师的培养、引领下，作为导演的张平渐渐成长起来了。1990 年，他独立执导了由编剧韩尔德创作的现代戏《钉死的门儿又打开》，锋芒初露，后来该剧还在全国煤矿系统现代戏调演中荣获金奖。这也是张平独立排演并获奖的第一个大戏，从此，小有名气的张平开始陆续接到一些地方的邀请。

1991 年，张平应邀到周口排了一个现代戏《芦家湾》（编剧张芳，主演江团结、宋晓波、肖秀莲），上演之后，反响不错。时任文化厅厅长的王传真看过之后，对该戏给予了比较高的评价，也对张平这个戏剧导演界的后起之秀非常赏识。演出结束，张平搭王传真厅长的顺风车，一起回郑州。路上，王厅长问他："我看过你的戏，你是个很不错的演员。听说后来去进修，改当导演了，作为三团艺术创作室的年轻

● 现代戏《闯世界的恋人》进京演出,受到时任文化部代部长的贺敬之接见

● 现代戏《闯世界的恋人》进京演出,时任文化部代部长的贺敬之与张平亲切交谈

● 现代戏《闯世界的恋人》进京演出,著名艺术家、导演阿甲与张平亲切交谈

人,你对团里将来的发展有什么想法吗?"

"三团是以编演现代戏为主的红旗团,在全国都很有名。团里的很多前辈都是我崇拜的偶像,在艺术方面对我影响帮助很大,能在这里工作,的确是我的荣幸。这些老艺术家经过长期实践,创立了一批富有特色、影响深远的代表作品和经典剧目,也形成了与之相适应的独特艺术风格,我非常佩服。但是,我们面临的时代正在发生着巨大的变化,生活绚烂多姿,三团要想继续发展,赢得不同层次观众的喜欢,题材上就得有变化,不能老排演一些农村戏,而且舞台呈现也要随之变化,一定要有现代感,要努力往都市戏剧方面迈进。我说的都市戏剧不光是指现代戏,还包括富有现代人文主义精神的古装戏和传统戏;也不只是指剧本内容方面的现代感,还有以新的理念和科技因素呈献给观众的整体舞台面貌,包括导、演、音、舞美、服装等。总之,老一代的优秀传统我们要继承,同时还要敢于突破《朝阳沟》的导演模式、表演特点和舞台呈现。

"再一个,'以歌舞演故事'是中国戏曲的特性,三团演的是现代戏,和古装戏相比,虽然'舞'的成分相对少一些,表演上更加贴近生活,也格外强调演员从生活出发,从内心找角色的感觉,舞台面貌也比较写实,但这并不是说不能有更多新的突破。实际上,杨兰春老师后来重排《小二黑结婚》等剧目时,就已经开始有意识进行变化,更加注意现代戏的戏曲化了,当时还专门请了一些演传统戏的演员来给三团演员做示范。我觉得,无论是现代戏还是传统戏,载歌载舞的表演应该是戏曲发展的正确路子,这一特点要很好地坚持下去。

"我之所以把'载歌载舞'作为自己今后导戏的追求,除了戏曲本身的特点,还有演员带给我的一些思考。三团以前的很多老艺术家都是文工团员出身,没有受过系统的身段武功训练,而三团排演的很多剧目又是紧贴当时生活的,杨兰春老师接受的导演思想和理念,也决定了这些剧目的特点和舞台面貌。而三团后来调入的一批青年演员,都接受过戏校严格系统的训练,如果让他们把传统的东西全部丢掉,完全按照三团原有的表演风格去演戏,我觉得在某种程度上是一种浪费,有些可惜。如果我们能在剧目类型上进行些拓展,舞台面貌上有些改变,同时将他们身上的优点好好加以利用,充分发挥出来,既能很好地彰显戏曲的优势,也会让三团的艺术风格有所突破和发展……"

张平是个直性子、爽快人,听到厅长询问,毫不掩饰自己的想法,滔滔不绝地畅谈了一番。王厅长听后很是高兴,对其大加赞赏。

到达郑州分别后,张平和领导们就没有了什么联系。时隔半年有余,他接到团里办公室通知,说是让交身份证复印件和照片,具体也没说干什么用。1992年底,张平正在巩义忙着给豫剧团的陈佳、陈洁排戏,忽然接到团里电话,说是文化厅要让他当三团的业务团长,组织部马上要来考察。还没缓过神来,老师陈新理也来电催促,让他尽快回团一趟。张平有些不敢相信:"老师,我不是党员,之前连个小组长也没有当过,怎么可能呢?你们不是当得好好的吗?""你就别问了,赶紧回来吧。"

连陈老师都这样说,消息应该不会有假。张平匆匆赶了回来,接受上级考察和领导谈话。当业务团长,这是张平从来都未曾想过的事情,他不禁回想起和王厅长的那次同行,猜测那一回谈话也许是个重要的机缘。后来他还了解到,这里面也有省文化厅副厅长芦苇的原因。芦厅长是"文革"前上海戏剧学院表演系的学生,后来又在该校导演系深造,和张平既是同行又是同门师兄弟,虽然两人之前没什么交往,但这种关系和渊源,让他对张平有了更多的了解机会。当然,没有任何背景和资历的张平,之所以能够年纪轻轻就走上领导岗位,更离不开恩师陈新理的多年帮助和大力举荐,因为陈老师任业务团长多年,一直比较喜欢和器重张平,也见证了张平的成长过程,觉得他业务能力强,而且有想法、有劲头,让年富力强的晚生接手,对于处在关键时期的三团来说,未尝不是一件好事;对张平来说,也是一次很好的历练。就这样,在多方因素和力量的促进下,张平第一次当了"官"。

1993年2月,文化厅正式下文,任命张平为三团的业务团长。这一年他刚刚33岁。

在此之前,张平从未任过一官半职,直到真正进入角色,他才体会到艺术院团的领导不是那么好当的。当时新的领导班子由赵新宝、刘健、杨冠德和张平四个人组成,干部整体配备年轻化。之前的团领导都是三团的老人、大家,德高望重、经验颇丰,自己这么年轻就担当重任,能行吗?而且,这时候整个戏曲界都处在一个比较艰难的时期,演出市场极度萎缩,观众锐减,戏曲是"夕阳艺术"的论调一度在社会上蔓延,加上20世纪80年代末的全省文艺院团改革,演员下海转行的很多。三团虽然在这场改革风波中显得相对稳定，但是演职员工的思想也不可避免地受到冲击，很多人都在想着怎么赚钱、出名，队伍管理起来更难了。

对于剧团面临的困境，身处其中的张平也深有体会。1991年，时任文化部代部长的贺敬之到河南看望杨兰春，得知三团生存状况之后，就建议重新排演《刘胡兰》。因为身体有病，杨兰春就交给陈新理来排演，张平和郑永生任导演助理。这个戏是20世纪50年代创作的，曾经轰动一时，影响很大。为了适应当代观众的审美需求和心理节奏，不仅剧本做了调整修改，舞美也进行了全新设计，并用推拉台解决了以前烦琐的闭幕换景问题，手法新颖，一气呵成，戏的节奏也大大加快了。该戏上演后，河南的文艺评论家大加赞誉，大家都承认它是精品，可就是没市场，组织观众都很困难，只演了三十多场就停下来了。

受命于危难之时，如何带领三团渡过这场危机？张平也在思考。他先打电话给师兄姚金成，征求意见。在姚金成的建议下，两人一起去了芦苇厅长家里，一是共叙校友间的情谊，更主要的是想趁机汇报一下接下来的打算。在聊到剧团的艺术创作计划时，张平就把前任团领导打算创作排演《金瓶梅》的想法说了一下："现在戏曲市场不大景气，我们的剧目创作如果不能根据市场要求和观众需要去进行，恐怕很难走出困境。我们要想改变三团目前的现状，就必须打破一些思想上的框框，创作一些能走市场的剧目，而且不一定非要局限于排现代戏。之前，三团不也排过《三哭殿》嘛……"领导对张平的看法也很赞同，并鼓励他们大胆去干。

得到领导肯定后，张平又去找老团长、恩师陈新理商量。实际上，在此之前，上届领导班子已经就此召开过会议，并在剧目的选择排演上达成了一致意见，那就是改编深受当时影视界追捧的小说《金瓶梅》。因为他们觉得，要排就不能排太过传统的老戏，首先在题材选择上要有知名度、颠覆性、冲击力，舞台呈现乃至表演都要有新的变化，要让人看后觉得眼前一亮。但当时的古典名著《红楼梦》《水浒传》电视剧都已经出来了，《三国演义》也正在酝酿拍摄，相比较之下，《金瓶梅》是个比较合适的选择。可它一度被列为禁书，这样的剧目敢不敢排？找谁去写？怎样写才能既有时代新意，又不触犯当时人们的观赏习惯和伦理标准？说实话，大家谁也不敢打包票。

《金瓶梅》是中国文学史上第一部文人独立创作的长篇白话世情章回小说，被誉为明代"四大奇书"之首。它借《水浒传》中武松杀嫂一段故事为引子,通过对身兼官僚、恶霸、富商三种身份的封建市侩势力代表人物西门庆及其家庭罪恶生活的描述,揭露了明代中叶社会的黑暗和腐败,具有较深刻的认识价值。但是,由于其中涉及很多色情方面的描写,因而备受争议,一直被视为"淫书"而被禁。将这样一个故事搬上戏曲舞台,实在有些冒险,但正像三团老作家李殿臣所说,这个题材不是不能排,关键是看如何去写、去表现了。在陈新理老师建议下,他们想到了曾经有过愉快合作的两位剧作家姚金成、韩尔德,双方还就具体创作的原则和要求达成了一致意见。经过一个多月的煎熬和反复推敲、修改,根据《金瓶梅》改编创作的大型豫剧《西门风月》终于拿出了初稿。

剧本出炉后,首先召开了省内专家座谈会,在得到省文化厅领导同意后,他们又将剧本拿到北京,进一步听取意见。文化部艺术局局长曲润海、副局长姚欣,中国艺术研究院的王安葵等专家看后,给予了充分肯定,认为从剧本上看,没有踩到雷区。后来,张平又和老师陈新理、团长赵新宝等一起到上海戏剧学院,找陈家祥、胡导、薛沐等专家把脉,反响也很不错,于是,回来不久就开始投排了。为了将艺术创新和三团风格很好地融合,导演由陈新理挂帅,毕业于上海戏剧学院的卢昂、张平加盟;音乐唱腔设计朱超伦、汤其河;舞美设计是全国舞台美术学会会长薛殿杰、省豫剧三团舞美设计师郭有镇;灯光设计由上海戏剧学院的伊天夫担纲。

剧组这边忙着排戏,团里有不同意见的人已将情况偷偷反映到了文化部和中宣部。对于这部戏可能会引起的分歧和争议,创作者们早有预料,为了能在走市场中立稳脚跟,他们在创作之初便制定了这么几条原则:(1)不能够有黄色的东西;(2)走三团现实主义的创作路子;(3)要像《金瓶梅》,舞台表现要让观众爱看。因为开掘立意新颖,人物描绘到位,艺术处理恰当,因而舞台上并没有什么不适宜表现的地方。像春梅洗澡的情节,导演让舞美设计做了一个大屏风,人物穿着紧身衣,在后面进行舞蹈,加上水雾和灯光效果,就在屏风上显现出人物洗澡的动作剪影,非常含蓄优美。再如,剧中卖唱女和卖唱翁的设置和不断出现,起到了很好的"间而不离"的效果,即"戏剧在抒情叙事的自然流淌中,将哲理思辨有机地点示给观众,从而使他们对舞台上发生的事件和人物的思想感情、行为方式有一个理性分析和评判的立场"(卢昂《导演的阐述》)。这样,既强化了作品的主题立意和思辨色彩,同时也避免了过于强调"间离"而隔离或中断戏剧情境的自然发展而与民族审美情趣不吻合的弊端,从而使观众在情感与理智上得到了双重满足。

剧团当初之所以排演这个戏,就是想借此开拓市场,在传统经典题材的现代性方面做些探索。对于该剧可能会引起的争论,大家也曾有过一些担忧,因此,在说明书的开篇,创作人员诚心诚意写了这样一番"致观众"的话:"……红尘滚滚,莫道一个淫字了得;悲欢歌哭,实是明末风俗画图。色字左右看,看出美丑百态;欲字试解索,解出妻妾苦情。何必包罗万象,但愿一斑见豹。不求同声赞美,恭听议论纷纷。看官幕闭三思,编导俯谢诸君。"

戏封闭排练之后,先是内部小范围赠彩排票,听取意见,及时调整,直到8月16日,才正式邀请领导观看审查。演出剧场效果不错,文化部戏剧处和省委宣传部、省文化厅领导也对该戏给予了充分肯定,认为"该剧是取其精华、去其糟粕的典型,比洁本还洁"。但此时告状的事情闹得沸沸扬扬,省委宣传部只好指示,戏可以先在内部试演,但不要公开演出,不要登报宣传。因此,后来剧组在组织召开由50余位专家、学者和有关领导参加的座谈会时,没有邀请媒体参加。

然而,这个戏排演之初,巩义的一个老板先期资助了5万块钱,不正式公演没法交代。了解到事情的原委后,这位老板就声称,如果怕影响三团的声誉,那就以他们企业的名义演。就这样,1993年9月9日、10日,为庆祝'93国际少林武术节开幕和郑州华德实业总公司成立一周年,大型古装戏《西门风月》在河南人民剧院正式上演。经主管部门慎重研究,剧名正式改为《西门风月》,演出单位也改为了河南华德艺术团,后面括号里备注省豫剧三团。

该剧的正式上演,可谓"一石激起千层浪",在河南戏剧界引起了不小的反响,社会反映各异:有些老观众认为,《金瓶梅》毕竟是一部内容上有缺陷的书,将其搬上戏曲舞台,不可能完全避开"性",而且剧中人物"露"得有点多,以此招徕观众不可取;而年轻人认为,排演《西》剧,在戏曲题材上是一次开拓,在艺术上也是多样化的尝试,只要把握好分寸,以实行经济自救,无可厚非。有人赞其改编忠实原著,意旨高远;有人骂其格调低下,影响极坏,就像一部"三级片"。……总之,这次以"都市戏剧"为目标的艺术创新,将人们心目中的"红旗团"推上了风口浪尖,毁誉参半,评价不一。

除了人们的议论，《明报》《知音》《文化艺术周报》等媒体也纷纷给予关注，发出了不同的声音，如《豫剧〈金瓶梅〉：开拓还是回归？》《如何评说河南上演〈金瓶梅〉》《老实人的〈金瓶梅〉》《上演〈金瓶梅〉是背离社会主义方向》等。尽管质疑声不少，但是，《西门风月》的排演还是给当时不太景气的河南戏曲演出市场注入了活力，掀起了小小的高潮。不说票价，仅是演出"出场费"，就由过去的1200元涨到了5000元，在全省巡回演出了30多场。过去把票给人送到门上，有人也不大愿意去，现在是争着要票。不仅剧团收入可观，演员的补助也由原来的每场2元涨到了5元，而且从此剧团到外地进行商演，演职人员也开始住宾馆，而不再像过去那样自带行李了。

后来，为了进一步扩大演出市场，剧团还特别邀请河南电影制片厂的导演路振隆拍了个宣传短片。果然，其他一些地方看完宣传片后纷纷来电，准备签约演出。最先联系的是广东方面，他们决定一场戏给7000元，连剧场都定下来了；山东也来人签订了三个月的演出合同，每场戏价6000元；海南更是答应用飞机来接景接人，一场戏20000元。那个年代，这价码已经非常了不得了。后来，港、澳、台地区和新加坡等有关方面也陆续发出邀请，定价每场演出费50000元。眼看着前景一片大好，但由于有些人不断写信告状，省委宣传部不敢表态，只好如实向上级汇报了情况，并规定在上级意见下达之前，剧团暂时不能出省演出，很多机会因此而失去了。后来，新华社还特意派《瞭望》杂志记者到河南调查，原本是准备写批判文章的，标题事先都想好了：从"红旗团"到"金瓶梅"。他们到达后首先找到团领导，首先向业务副团长张平了解情况，还特意询问起了宣传片的事。"听说你也是这个戏的导演，拍宣传片的时候还要求女演员脱。"

"我是这样说过。不过，我们要求演员穿的是紧身衣，实际上拍的就是个剪影。当时演员不大愿意，我说不行，必须脱！艺术表现需要这样，而且我们做了很多艺术处理，并没有不堪入目的镜头。你知道我让脱的那个演员是谁吗？那是我老婆。"

对方一听当时就愣住了，原来事情是这样的呀！看过录像和宣传片，他们又找到导演陈新理，全面了解了当时的创作情况，就没再说什么，后来写文章时态度变得更加客观，不像刚来调查时那样带着某些偏见、倾向，题目也改成了"'红旗团'为什么非要排演《金瓶梅》"。在文中，他们除了对剧目本身进行评说，还由此生发，

● 豫剧《西门风月》剧照

用大量篇幅谈及了新时期戏曲发展面临的困境、河南众多剧团的生存状况、企业与戏曲院团联姻等现象和引发的思考。

以今天的眼光和探索尺度来看，这些受人质疑、被指出格的地方似乎并没有什么，三团领导和创作人员的胆识令人钦敬，其艺术创新理念也有不少可圈可点之处，但当时的社会现实和文艺创作环境远不像今天这么宽松。因而，尽管前景看好，文化部和中宣部领导也对该戏的艺术成就给予肯定，但是，这个轰动一时的另类作品还是在大家的争议声中偃旗息鼓，再无声息。至今，陈新理老师还记得剧作家孟华当时在座谈会上的一番感慨："要是这样的戏都不能演，那戏剧就太悲哀了。"虽然时间已经过去了20余年，但是今天再谈起这个戏的创作始末，无论是从陈新理老师那沉稳严谨的话语中，还是从张平激情而张扬的神态里，我依然能感受到他们深深的无奈。

"新官上任三把火"，张平当上业务团长后所烧的这第一把火确实有点烈，在当时的河南戏剧界堪称是一种引领、一次地震，对三团的传统创作模式和艺术风格更是一种冲击和颠覆。《西门风月》尽管只是昙花一现,但它在戏曲题材的开拓、戏剧观念的突破上,带给张平以及三团新领导班子的思考却是多方面的。那就是,面对发展中的困难,必须想办法积极面对,完全遵循前辈延续下来的艺术理念,固然不会招致非议,但是最终会失去得更多,无论是对业务管理者还是艺术创作者来说,都是一种失职。"关于《西门风月》的对与错,后人和历史自会有个客观正确的评价。但作为剧团的业务团长和导演之一,我可以说有收获也有教训,有喜悦也有苦恼。改革创新固然可以赢得生机,但肯定包含着不少风险,因此,一定要对可能出现的情况有所预料,步子也不能迈得太快,不能超出一定时代人们所能承受的范围。"

《西》剧的排演及引起的风波,让张平在艺术创作上有了更多的思考。

## 五

经过反思以后,三团领导班子决定重新调整方向,但并未停止创作探索的步伐,只不过,他们这次在剧目的选择上更加谨慎。

1994年,为了迎接河南省第五届戏剧大赛,团里开始四处物色合适的剧本,最终选定了南阳剧作家冀振东创作的现代戏《红果,红了》。当时南阳方面已经将戏搬上了舞台,最初的名字为"风流小镇"。张平初读剧本后,建议作者重新做了修改,并做好了导演前期准备工作。

这是一出具有鲜明时代特点、醇厚乡土气息和浓郁地方特色的现代抒情戏剧。在河南豫北山区,漫山遍野铺盖着茂密的红果。早年守寡却生性豪爽的酒店老板刘春花、退伍军人路云鹏决定开办现代化的股份制果茶厂,走集体致富的道路。从此,围绕办厂集资,引发了几段跌宕起伏、曲折坎坷的爱情冲突,折射出了当代农民独特的爱情观、人生观和价值观。

为生产出一台能代表三团新时期艺术水准的剧目,冲刺全国戏剧奖,为这个红旗团添彩扬名,团里组织了一个强有力的创作班子,导演由卢昂、张平共同担纲。作曲则集中了三团的新老力量,由王基笑、朱超伦、安之语、汤其河、李仲党组成,舞美设计徐海珊、郭有镇。这个戏既很好地继承了三团的艺术风格,同时,在音

● 豫剧《红果，红了》剧照

乐、舞美、表演和导演方面做了不少创新突破。

比如舞美方面，就追求一种富有时代审美趋势的现代感。用有机玻璃板制成的具有版画效果的树丛、果林，透过不同光色的变换，营造出浪漫诗意的效果，同时也很好地解决了变形的要求。加上洗练而富有特色的吊景、道具，使得舞台显得新颖、明快、简洁、流畅。由三角形斜坡与简易台阶组成的多层次平台，"不仅有助于主要人物的内心独白和情感撕裂度达到顶点的大调度需要，而且运用平台前后高低的层次，把人物心灵的表露、主观世界的自由空间与时间流动的空间组合在一起，构成了一幅幅情景交融的画面，既有利于演员表演和场面气氛的营造，又形成了一种可观性极强、多层次的舞台时空流动美"（余大洪《一种必然的时代历程——评豫剧〈红果，红了〉的舞台美术》）。如开场，先是三对男女青年出现在后方的斜坡台阶上，在柔美抒情的伴唱中载歌载舞，之后定格。紧接着，伴随着欢快的音乐，又有三对男女青年出场，依托着三脚架梯，在舞台前方忙着采摘红果，嬉戏传情，和舞台中、后方遥相呼应，既很好地表现了山区的环境特点，又使得这幅生

● 豫剧《红果,红了》剧照

活图景生动而富有层次感,令人耳目一新。

　　再如第三场,在村口,小菊手捧着路云鹏递来的手绢,眼望他远去的身影,甜蜜涌上心头;小菊不小心冲撞到路云鹏,匆忙离去时慌乱羞怯的表情,让路云鹏心中情思渐生;当初决然离开、情感遭受欺骗的珍珍,在看到路云鹏的事迹后又愧又悔,准备找回往日的爱情。天色渐晚,担心女儿、感情受挫的宋乔贵,迎面碰上驼哥,心情十分郁闷;春花因借钱办厂,与相爱多日的老宋心生嫌隙,驼哥的劝慰支持,让痛苦失意的她万分感动;驼哥在与春花携手办厂的过程中,情感慢慢有了变化,可自己的容貌、身份又让他十分自卑,不敢吐露心声。就这样,处在三角恋情中的两对恋人,经历了生活的波折和感悟后,开始对情感进行最后的思索与选择。为了在对比中更好地展现他们的情怀和心绪,导演运用多个不同的光点,将舞台空间加以综合利用,让此时各怀心思的六个人出现在同一舞台上,处理手法十分新颖。

　　关于演剧形式的确立,导演将其总体创作原则定为现实主义与浪漫主义的诗

● 豫剧《红果，红了》剧照

意结合，着力强调演出形式的美感和意蕴，充分发挥戏曲艺术的特点和优势，强调演出结构上的音乐和舞蹈化。比如，第一和第三场摘红果、拉车的舞蹈化表演，刘春花和宋乔贵喝酒对歌的表演，就融入了更多的舞蹈身段和戏曲韵律，不仅没有与整体生活化的表演产生不和谐，反而更好地体现了他们情不自已、酒至酣处的欢畅之情。

再如，最后面对宋乔贵的讥讽和嘲笑，质朴厚道的驼哥快步走向舞台左后方，伴随着他的一声呐喊"我是一个堂堂正正的男子汉"，那棵巨大的歪脖子红果树和驼哥一起瞬间挺直了腰杆，昂然屹立于舞台上，象征着中国农民终于在新的时代耸立起自己高大伟岸的身躯。这一极尽夸张浪漫的艺术处理，使得剧作主题和人物形象得到很好的张扬、升华。对此，蓝纪先在《对本体的一次超越——观看〈红果，红了〉演出后的思考》一文中，曾这样评述："导演有意强化一个象征性的舞台形象——一棵苍劲、丑陋的老歪脖树。临到戏的结尾，驼哥这个生命个体形象在外部世界生存境遇压力的冲击之下，其生命力和生命意志得到一次核释放式的爆发，推直了弯腰的老树,自己也挺直了腰背。这一舞台意化、物化的艺术处理,充分表现出长期承受外部世界巨大压力而被扭曲的生命本体,终于战胜和摆脱了生存境遇对人的束缚、压抑,实现了对生命本体的超越,使感性生命个体得以充分的张扬。"

在处理人物形象的时候,张平非常注意向三团的前辈们学习,注重从生活出发,并以艺术化的手法进行呈现,对三团的风格做了很好的继承。比如第三场,在果园里,正在忙着采摘红果的小菊碰见了心上人路云鹏,暗生情愫的她望着对方远去的身影,不由得沉浸在少女甜蜜的爱情遐想中。不知何时,路云鹏悄悄来到她身后,小菊始料未及,转身后恰好与对方碰个正着,不知所措的她仓皇逃离,不料慌乱中摔了一跤。路云鹏一边叫着她的名字,一边上前搀扶,羞怯的小菊急忙起身后退,慌忙中再次摔倒,之后起身捂着脸跑开了。这一独到的艺术化处理,不仅十分合乎人物的性格,而且准确地表现了一个处在朦胧爱情中的少女的情怀,因此每当演到这儿,都会赢得观众的会心一笑和热烈掌声,此处被众多专家称为导演处理的"神来之笔"。

实际上,这个动作的设计处理,正来源于张平自己的一次亲身经历。20世纪80年代初,张平和第一个女朋友这对花季中的青年男女开始对对方有了好感,但是彼此还没有捅破。有一次,在三团的办公大楼,张平在楼梯上迎面碰见了她,当时,她正手拎着一个收录机下楼。彼此心怀情意的两人不期然碰见,心里怦怦直跳,可愣了几秒钟,一时不知道说什么好,彼此看了一眼,便擦身而过。刚转过一层楼梯,张平就听到她突然而压抑的一声尖叫,同时还传来一阵"咕里咕咚""噼里啪啦"的声音,很显然,这是她不小心从楼梯上摔倒的声音。为避免对方尴尬,张平犹豫了一下没敢去扶,但他知道她为何会不小心摔跤。果然,后来谈起这件事的时候,她笑着说,那时候,她心里又是激动又是慌乱,有点心不在焉,边下楼边不时回头往上看,结果一不留神没踩稳,从楼梯上滑倒摔下去了。这次成功实践,更让张平懂得了生活积累对于艺术创作的重要性。

1994年8月中旬,河南省第五届戏剧大赛在南阳开幕。评委会首先以审看剧目录像、记名打分的办法,选出8个剧种共30台戏参加初赛,最后评出16台剧目分别在洛阳、郑州两地参加决赛。最终,省豫剧三团的《红果,红了》荣登榜首,成为唯一一个金奖得主。次年,该剧又荣获文化部"文华"新剧目奖第一名,以及导演、音乐、舞美、灯光、演员等21项"文华"单项奖，同时获中宣部"五个一工程"奖，还参加了在上海举办的"五个一工程"奖颁奖展演。后来，该剧又二次进京，参加庆祝新中国成立50周年献礼演出，广获好评。一部《红果，红了》，让一度困难、沉寂多日的红旗团再次进入了全国人民的视野。

豫剧《红果，红了》虽然让三团赢得了不少荣誉，但剧团的生存状况并未因此而有大的改观。可是老演老戏也不行啊，接下来排什么？闲暇时，张平叫上编剧张芳，又去找陈新理老师商量。他们三人讨论了好半天，终于想出了一个感觉还不错的内容，暂定名为"黑珍珠"。可是排新戏需要钱，资金又成了让他们头疼的问题。后来，他们决定转变思路，另起炉灶，排演一个反映税务方面的定向戏，以争取有关方面的支持。考虑好大致思路之后，团领导先去省财政厅找到夏厅长，汇报了这个创作计划。夏厅长当时身兼河南省地税局局长，对这一题材很感兴趣，就介绍他们到西华县税务局了解体验生活，进行创作。安顿好后，他们三人一边商量构思故事、人物，一边深入一线，体验税务部门的实际工作。说实话，这种歌颂型剧目的正面人物本来就比较难写，况且还是个定向戏，难度更大，如果处理不好，就会显得空洞枯燥，难以吸引观众。怎么办？几番商讨后，他们决定将剧中主人公设定成为一个年轻的、有缺点的共产党员，工作热情高，办事原则性强，但是方法不多，灵活性不够，结果闹出一些误会和笑话。就这样，十几天之后，剧本创作大致有了眉目，回来后经过加工修改，就开始上马了。

戏推出后，团里及时组织召开了研讨会，积极听取各方意见。专家们认为，戏整体上较为流畅，但有些地方戏剧性不强，典型人物也不够丰满，艺术质量还存在明显差距。团领导班子经过研究，决定正式邀请在现代戏创作上颇有经验的姚金成加盟剧组。不久，在张平的带领下，陈新理、姚金成、张芳等再次启程，前往南阳南召县等地体验生活，搜集素材，在原稿基础上重新构思创作。经过新一轮加工打磨，戏终于出现了脱胎换骨的飞跃，情节结构更加合理，戏剧冲突更加激烈，主人公所处的困境和其中饱含的人生况味也得以深化。

这是一出具有鲜明时代特征、浓郁地方特色的喜剧。一个生动鲜活的当代税务员，一群火辣辣的"蚂蜂"似的女人，在浓厚的乡土气息中，为我们艺术化地演绎出中原地区一片热闹火辣、趣味横生的生活画卷。由于财税部门的支持，戏进展非常顺利,上演之后,剧场效果极好。后来在全省进行巡回演出,不仅戏打得很响,每场戏两万元的戏码也给三团带来了前所未有的可观收入,团里的灯光、音响、戏箱等器材设备也趁此做了更新。后来,该剧又二进北京,在全国各地巡演了400多场,受到戏剧界和观众的广泛赞誉,并荣获中宣部精神文明建设"五个一工程"奖、河南戏剧大赛金奖等多项殊荣。

从当年一个生涩的名不见经传的小演员,逐渐成长成熟,担当重任,再到今天走上专业导演道路,带领三团继续前行,这个过程留给张平太多美好的回忆,也记录着他的每一点进步。"在三团这些年,团里的很多老同志给予了我很大的支持帮助,尤其是当了专业导演后,陈新理老师更是手把手地带我,其间我参与创作的每部戏,几乎都是和老师进行的合作。尽管陈老师有时署名总导演,有时署名艺术总监,有时甚至不挂名,但是老师付出了多少劳动和心血,我心里非常清楚。我能够在三团一步步成长,取得今天的成就,离不开老师的精心培养。"谈到陈老师,张平心里满怀感激。

"张平悟性很高,很有灵气,也非常努力,所以能够在三团很快站稳脚跟。从上海学成回来后,他没有照搬理论,而是把所学的东西和三团的传统进行了很好的融合,并对三团的艺术风格做了很好的继承发展,因此才能很快胜任这一新的角色,成为河南戏剧舞台上的新一代优秀导演。而且,当上业务团长之后,他确实也为剧团的发展做了很多努力,让三团在比较艰难的环境下继续取得成绩,扩大影响。"对于爱徒张平,陈新理也是充满了无限的关怀和期待。

总之,自从戴上业务团长这项"官帽",张平感觉自己肩上的担子也重了。在此期间,由他主抓排演的几部剧目,尽管评价不一,但毫无疑问,都在三团和河南戏剧发展史上留下了浓墨重彩的一笔。无论是颇有争议的《西门风月》,还是在国家级艺术评奖中受到好评的《红果,红了》,抑或是获得市场和荣誉双赢的《蚂蜂庄的姑爷》,身为导演和剧团领导的张平,也伴随着这些剧目的创作而日渐成熟,并在现代艺术语汇与古典戏曲手段、当代审美情趣与传统美学精神的有机融合上,进行了大胆而成功的探索,收获颇多。

随着声誉鹊起,张平的邀约也开始逐渐多了起来。1997年,除了完成团里的新编历史剧《乾隆与赵丰》的排演,他还应邀参加了周口市豫剧团大型现代戏《市井

● 1995年,在文化部全国文化系统先进工作者表彰大会上,和人民艺术家、著名豫剧大师常香玉合影留念

人生》的创作。该剧代表河南省参加了全国梆子戏汇演和在郑州市举办的第一届中国豫剧节,在众多优秀剧目中脱颖而出,一举获得剧目金奖和编剧、导演、音乐、表演等多项大奖以及中国豫剧节最高奖——优秀剧目奖。

由于业务成绩突出,1995年,36岁的张平被国务院授予"全国文化系统先进工作者"称号,和他尊敬的艺术大师常香玉奶奶一起登上了领奖台。1997年,张平又被中国文联授予"全国百名杰出青年文艺家"称号。

然而,伴随着事业的兴旺,不知从何时起,张平的婚姻状况却亮起了红灯。他多次反思,试图从自身找到原因。"也许是我太忙于工作,对家庭给予的关心不够,两人感情就淡了。总之,婚姻和事业一样,是需要用热情和耐心去细心经营的。"1998年,张平与第一任妻子的婚姻宣告破裂。他在情感生活上陷入了失落和孤独的境况之中。

1999年,一个女孩走进了张平的视野和生活,这就是刚进团不久、小他20岁的青年演员刘雯卉。恋爱本属于个人生活私事,也许是张平平时个性张扬,大大咧咧,说话直来直去,加上年少得志,意气风发,业务团长的身份让他无意中得罪了一些人。于是,就有人借此开始搞人身攻击,这也使得他在当年开展的"三讲"活动中没能过关。

虽然文化厅领导对张平的业务能力和在职期间的成绩十分肯定,可是,他们也知道,如果继续在这里待下去,各种矛盾会让张平很难继续开展工作,最后只好决定将其调到河南省豫剧二团。

初闻这一消息,正值岁末年初之时,很多人都在为迎接新千年的到来而欢欣鼓舞,开始畅想和规划美好的未来,张平的心境却像跌入了谷底,和这寒冬一般冷寂。他怎么也想不明白,自己怎么会以这样的方式离开这个滋养他、成就他且在此生活工作了二十年的地方!望着这里熟悉的一切,他的心里充满了迷茫、困惑,更有一份不舍和不甘。

这一年,张平正好跨入不惑之年。未来之路如何?他不敢想。他学习做饭、烧菜,度过了一段十分悠闲却难捱的日子。

## 六

2000年6月,接到调令的张平来到河南省豫剧二团报到,担任业务团长。和他一起到来的还有一个人,那就是"文华"奖、"梅花"奖双料得主,在河南省豫剧一团工作不到两年的李树建。他也同样因为没有在"三讲"活动中过关而被"发配"至此,上级领导给他安排的职务是二团的党支部书记。从此,这一对难兄难弟在同一个阵营开始了他们艺术征程上的一次艰难跋涉。

虽然之前对二团的整体状况也有所耳闻,但是,实际情况还是远远超出了张平和李树建的预料。憋着一股劲要打翻身仗的他们开始清理家底,眼前的景象却让他们大吃一惊。打开仓库的门,只见边角四处漏风,阵阵霉味扑鼻,并不富裕的一点家当上布满了灰尘和蜘蛛网,一些幕布散落堆放在一起,上面全是老鼠留下的尿印子。看着这些陈旧破落的家当,两个大男人脊背一阵发凉,心里五味杂陈,一落千丈的心境和不可预知的茫然,让他们止不住开始相对垂泪。

除了面对的困难,迎接张平和李树建的还有各种各样刺耳的难听话。虽然他们都已在各自的领域有了一定成绩和影响,可此时的状况就好像是落了架的凤凰,大家对这两个因种种原因被"发配"来的领导似乎并不欢迎,甚至有人这样发泄心中的不满:"二团又不是垃圾站,没人愿意要的货都往这里搁。"

要想改变大家的看法,顺利开展工作,必须让二团的面貌有所改变。

河南省豫剧二团成立于1956年,前身系解放战争时期陈赓将军创立的娃娃剧团,是一个以演出古装戏和新编历史剧为主的优秀表演团体。这个在风雨和战火中建立起来的剧团,有着悠久的历史和优良的传统,以阎立品、唐喜成、李斯忠、吴碧波、王清芬等为代表的一批老艺术家,为铸造二团的辉煌立下了汗马功劳,他们创演的《秦雪梅》《盘夫索夫》《三哭殿》《下陈州》《血溅乌纱》等剧目,已成为豫剧的传统经典,盛演不衰。这是一个影响广泛的省级名团,也是母亲高玉秋曾经工作过的地方。高玉秋调到二团之后,曾主演了《桃李梅》《必正与妙常》《狱卒平冤》《白奶奶醉酒》等剧目,荣获过"今日中国豫剧十大名旦"提名奖、全国豫剧名丑大赛金奖等荣誉,也是二团颇有建树的艺术家。作为她的儿子,一定要好好干出点名堂,不能给母亲丢脸。

然而，受当时全国大气候的影响，经历了市场经济冲击和文艺院团改革的一番折腾，剧团元气大伤，人员流失严重，管理十分松懈，家当破败不堪，剧目陈旧老套，几乎处于无人问津、生死由命的境地。怎么办？坐以待毙，只能落人笑柄，更不是这两个男人的性格。剧团要想生存，改变目前状况，首先得恢复正常演出。经过团领导班子商议，决定让李树建先带团到三门峡、灵宝等地演出，因为李树建毕竟是个名角，曾经在那里战斗多年，还是有些号召力的。

当地一些朋友听说李树建要带团回来演出，都十分高兴。虽然剧团这次外出演出，阵势像个县级剧团，不够光鲜气派，但是，凭借李树建的影响和关系，剧团还是获得了不错的收入和口碑。后来，剧团又转战到西安、兰州一带演出，不过遭遇的困难不少，除了动用各种关系进行宣传推广之外，剧团还发动全体演职员空暇时间上街卖票。

尽管还有很多不尽如人意的地方，但是一圈演出下来，不少人对李树建和张平的看法开始转变了。看来，这两个人真是想干点事。万事开头难，现在大家心里不再抵触，各项工作就好开展多了。

经过近一年的考验，上级又对二团班子进行调整，正式任命李树建为团长兼书记，主持工作。此时二团的账面上只有八百块钱，要想干点事难之又难。可是，为了凝聚人心，新班子还是决定迎难而上。首先要从眼前小事做起，改善群众的居住环境；当然，最主要的还是要抓好剧团的管理和业务，复排一些优秀传统剧目，进京演出，进一步扩大剧团影响。为此，团领导诚挚邀请团里的老艺术家朱玉霜、葛圭璋等出山，担任导演，整理复排了《下陈州》《司文郎》等5个传统剧目，又四处借贷，添置了一些音响、灯光、布景等设施；为加强演员队伍建设，团里将退休的蓝力、樊萍、卢玉琴、轩玉亭等艺术家返聘回来，召回了李根旺、吴素真、邵付有、郭志成等在戏曲茶楼维持生计的优秀年轻演员参加团里的业务训练；此外，又招收一批戏校刚毕业的专业伴奏人才，补充到乐队；舞美方面也开始实施新的管理模式。经过全面整顿，整个剧团的状况改善了不少，大家的精神面貌也有了新的变化。

为了支持此番进京，老干部霍云沛还写了一张饱含感情的倡议书，张贴在二团院内，号召大家积极捐款，并带头捐了一千元。还有些老同志自发到排练厅帮着干活，为大家送水倒茶。那段时间，从二团门口经过，很多人发现，这个沉寂多时几乎被人遗忘的排练厅再次热闹了起来，不时传出阵阵欢声笑语，优美的丝竹管弦之音飘荡在上空，也勾起了路人的几多好奇与回眸。

2001年8月，满怀希望的二团人开始向北京进发。由于参加人员多，又缺乏资金，团里只好包了两辆破旧的公交车。屋漏偏逢连夜雨，行至半路，有辆车突然出了毛病，半夜三更，一时找不到人来修理，加上要赶时间，张平临时决定让女同志和年长一些的人坐到另一辆车上，并号召年轻力壮的同志和自己一起步行了几个小时，到达石家庄火车站，临时买了站票，一路支撑着到了北京。

此次演出的地方是北京人民剧场，这里条件设施不是太好，但是附近的招待所比较便宜，能节省不少开销。为了扩大影响，李树建还特意邀请了当时成立不久的中央电视台戏曲频道对演出进行直播和录播。演职员们也是卯足了劲，全身心投入，连续八场的演出，向京城观众展示了二团人的总体实力和精神面貌。时任省文化厅厅长的孙泉砀也专程进京，看望慰问大家。京城的戏剧界专家在给予赞赏鼓励的同时，也指出了不足，提出了建议：戏演得不错，就是剧目显得陈旧，手法也有些老套。如果你们能发挥自己的优势，排演一些优秀的新编历史剧，一定会取得更好的效果。

北京这次成功演出，着实让二团人腰杆挺直了一回，久违的记者也开始踏进二团的大门。但是，对于李树建、张平、郑书刚等团领导来说，他们依然感觉压力重重。因为，此时整个中国戏剧界探索前进的步子已经跨出了很远，新创剧目层出不穷，河南省豫剧三团的新编现代戏《香魂女》也已经在第六届中国艺术节上获得大奖，为河南争得了前所未有的荣誉，二团如果还走老路，没有富有影响的新创剧目赢得声望，前景将依然堪忧。此次进京，戏剧界专家的建议就是委婉真诚的提醒，更是指明了二团未来的出路。可是，排什么剧目好呢？

20世纪80年代，李树建在京学习期间，对京剧马（连良）派艺术情有独钟，尤其是对他演出的《赵氏孤儿》十分喜欢，有心移植改编。和张平提议之后，两人一拍即合。敏锐的张平察觉出了其中的机缘，觉得这个题材有戏可挖。作为中国古典悲剧的优秀代表，《赵氏孤儿》剧情曲折多变，矛盾冲突尖锐，人物性格鲜明，尤其是剧作展现的以程婴为首的几个人慷慨赴义、智勇并举、冒死救孤的抉择和牺牲精神，具有强烈的艺术感染力，也是中国人历来重视和敬仰的人格魅力，因而才能活

● 豫剧《程婴救孤》剧组节目研讨会

跃六百多年,成为戏曲舞台上久演不衰的名剧,在世界范围内都有着广泛的影响。

近年来,戏剧舞台上兴起了一股改编传统名剧的热潮,因为传统名剧有着深厚的群众基础,借助其名气容易打响。但是,如果拘泥于演绎陈旧老套的故事,主题内容、人物形象和艺术手段没有新的变化,不能发掘出符合时代精神的东西,就难以和当代观众的心灵沟通,很难获得广泛影响。为了迎接来年的全省第九届戏剧大赛,打个漂亮的翻身仗,二团领导班子经过谨慎思考、商议,决定排演这个题材,并约请青年剧作家陈涌泉操刀改编。

要想让这一老题材焕发出新的生命力,必须要接通故事的内在意蕴和当代观众的情感共鸣点。那么,我们这个时代最缺乏的精神是什么?这个戏的形象种子是什么?通过该剧,我们想要呼唤传达出一种什么样的东西?在剧本创作过程中,张平也一直在进行思考。

"我总感觉,现在人们的生活水平是比以前提高了很多,可是,我们在追求物质生活进步的同时,却丢失了很多东西,其中最缺乏的就是精神和信仰。因而,在

● 豫剧《程婴救孤》剧组创作中

● 豫剧《程婴救孤》剧组创作中

面对一些事情的时候,很多人显得比较麻木、现实。面对奸臣的残暴,事不关己的草泽医人程婴为何会为了公主的嘱托而一诺千金,冒着杀身之祸将孤儿带出内宫,甚至为了保全这个忠臣之后,甘愿舍弃亲生骨肉,投靠奸臣,忍辱含垢地生活了16年?具有一定地位和身份的韩厥将军已经识破真相,他本可以借此告发,换取荣华富贵,可为什么他宁肯为了让程婴放心而自灭其口,杀身取义?面对敌人的严刑拷打,身体羸弱的丫鬟彩凤为何宁可献身也不肯吐露一字?还有白发苍苍的公孙杵臼,本可以安然度过余生,却为何甘愿假做窝藏孤儿之人,死于乱刀之下,陪同程婴之子共赴黄泉?透过这些身份不同的人物面对生死抉择的果敢态度,我找到了这个故事透露出的新的时代精神,那就是面对善和恶的比拼较量,这些人信守承诺、捍卫正义的民族精神和人格力量。这正是我们中华民族特别宝贵的精神财富,我们想围绕着这个故事,展示出以程婴为代表的一个英雄群像,从而张扬这一伟大的民族精神,唤起民众对英雄的崇敬。"

"让我们借用历史来抒发对现实生活中某种形态的感愤和对历史精神的呼唤之情——呼唤那种永不磨灭、闪耀着崇高伟大之光的中华民族精神的全面回归……"这就是张平对这个题材新的感悟和解读,也是这个戏的种子。

张平这份新的感悟来自他重读经典过程中的崭新思考,也来自一部电影对他的启发。有一次,一个朋友新买了一套家庭影院,热情邀请张平到家里观看电影,当时播放的是获得国际大奖的影片《拯救大兵瑞恩》。这部影片一经放映,便好评如潮,不仅是由于该片所带来的逼真的视觉冲击,更重要的是它引发了一个值得争论的问题。影片的梗概是:二战时期,盟军在诺曼底登陆,美国二等兵詹·瑞恩的三个兄长全部阵亡。为了将这唯一剩下的儿子送回到母亲身边,将军派出一个八人小分队前去寻找。战士们冒着枪林弹雨,前仆后继,历尽千辛万苦找到瑞恩后,随即与德军展开了殊死搏斗,八名战士最后全部牺牲,以自己的血肉之躯谱写了一首爱国主义的美丽诗篇,颂扬了一种美国式的民族精神。

看完影片,张平陷入了沉思。为了安慰一个母亲,要大海捞针般去寻找一个士兵,况且八个人也都有母亲。用八个人的生命来换一个人的生命,到底值不值得?这样的抉择和付出有意义吗?是什么让人们观后为之感动、震撼?正如片中所说:"对世界,你是一个大兵;对母亲,你是整个世界。"也许是战争将生命的价值改变,

● 豫剧《程婴救孤》剧照

瑞恩必须要好好地活着,成为一个有用的人,那么这一切就都值得!

　　影片所传达的独特理念和崇高精神对张平震动很大,也让他寻找到了《赵氏孤儿》这个题材新的亮点。剧中以程婴为代表的一些人之所以慷慨赴义,不惜牺牲生命来保护这个孤儿,就是因为惨遭杀害的赵盾一家是正义、善良的一方。这样,围绕着"救孤",这些人身上的人格光辉汇聚而成的民族精神就得到了极大的张扬,而这种品质和精神正是我们这个时代所缺乏的、所呼唤的,会给精神麻木的现代人带来一种震撼、一种冲击、一种刺激。于是,张平决定将剧名由"搜孤救孤"改为"程婴救孤",这样更能体现创作团队对这个题材的独特思考,更能集中挖掘出这个故事蕴藏的现代文化含量。

　　经过创作人员之间的碰撞、交流和争执,2002年4月,《程婴救孤》剧本初稿拿了出来,在充分听取省内和北京等地专家意见的基础上,剧作家又对剧本做了多次精雕细刻的修改,对原作的情节进行了新的取舍和剪裁,做了推陈出新的整理改编,尤其是削弱了原来的愚忠和复仇成分,强化了救孤的正义、信诺和伟大的牺

豫剧《程婴救孤》剧照

牲精神。"通过救孤、育孤、保孤、还孤等几个关键情节，充分展示程婴的人格力量，展示他坚忍顽强、舍生取义的民族精神。同时，剧作还十分注重对原剧文化内涵的开掘，注重人性意蕴的拓展，注重生命意识的张扬，使其理性思维彰显于今日豫剧舞台之上。"（刘敏言《民族精神的现代颂歌》）

　　为了将这一故事以新的面貌呈现出来，剧团组建了一流的二度创作班子。中国导演学会会长黄在敏任总导演，做整体宏观上的把握，张平任导演，作曲赵国安，舞美设计薛殿杰，灯光设计易天福，服装设计蓝玲等。当然，组建优秀团队，打造精品剧目，没有钱是不行的。张平粗略估算了一下，整个戏下来至少也要花费30万元。这对于尚处在困难中的二团来说，是一笔不小的数目，可是再苦再难，也要勒紧裤腰带，不能留退路。经过四处"化缘"，剧团终于筹来了前期需要的十几万元，然后借用上街铝厂的一个破旧俱乐部，开始了艰苦的排练。

　　为了营构出多层次、富有意蕴的舞台表演空间，张平根据剧情需要，运用了气势磅礴的"城楼式"半推移平台结构，将舞台空间分割成两部分，既扩大了表演空

● 豫剧《程婴救孤》剧照

间和表现范围,又能和前台简易而典型的道具相互配合,组合成抽象多变的戏剧场景;同时,高大巍峨的建筑,使人格的伟大与空间的广阔互为映衬,很好地衬托出剧中人物的崇高精神。

比如,序幕中,随着屠岸贾一声令下,追魂号声阵阵响起,一队队身着红衣的刀斧手在阴森冷寂的烟雾和蓝光中出场,密密层层,布满了高高的城门和层层台阶。随着刀斧手手起刀落,满台灯光迅速变为红色,几十名刀斧手也瞬间幻化成被杀者,水袖高高扬起,在红色光雾的映衬下缓缓倒地,营造出血流成河、无限惨烈的场景。再如,当程婴对16年后长大的孤儿说明事实真相时,这种舞台设计也很好地发挥了作用。随着程婴的讲述,往昔那些为保护孤儿牺牲的人物依次出现在高台之上,再配以声光效果,艺术地再现出这些英雄义比天高的伟大形象。

有着深厚戏曲传统功底的张平,不仅注意突出舞台整体呈现上的写意性特点,而且在表演造型的现代化方面也做出了有益的探索,这其中也融入了黄在敏总导演的诸多心血。"贯穿排演《程婴救孤》的始终,我们以坚持发扬戏曲表演特色

豫剧《程婴救孤》剧照

的优秀传统为主体，最大限度地发挥戏曲表演艺术程式化和虚拟性的美学潜能……在表演造型方面，我们对戏曲表演的程式化和虚拟性做了新的解释和发挥创造，把表演造型的程式化和虚拟性提升到诗化写意性的高度进行舞台演绎。"（引自张平在利兹大学的发言《戏曲表演造型在豫剧〈程婴救孤〉中的现代化尝试》）

比如，程婴携孤儿入住屠岸府，导演就没有用浓墨重彩的唱腔或表演来描述他内心所遭受的磨难，而是采用人物连续的造型组合，诗化地展示了程婴16年忍辱负重的心路历程和艰难岁月：在古乐器埙凄凉旋律的伴奏下，在人们的辱骂和诅咒声中，匍匐在地的程婴缓缓起身，胡须灰白的他举目四望，无人理会，只有在阵阵秋风中孤独地前行；"老程婴，坏良心，他是一个不义人……"伴随着阵阵儿歌，风雪漫天飘舞，在同样凄凉的音乐声中，须发皆白的程婴佝偻着身躯从远处高台上走过，步履蹒跚，轻轻摇头，满面凄然。整段舞台表现长达5分钟，虽然没有一句话白，但是，通过程婴从黑变灰、由灰至白的"髯口"和身形体态的变化，表现了他16年时光流转中所承受的巨大痛苦，不仅大大加强了舞台的视觉效果，更营造

● 豫剧《程婴救孤》剧照

出一种震撼人心的戏剧力量。

　　戏剧虽然是一种动作的艺术，可单靠动作是不够的，有时候，停顿和静止在塑造人物、渲染气氛、营造意境等方面显示出来的力量和作用反而更强烈。在《程婴救孤》中，张平就高度重视静止场面中造型定位的特殊功效，注意人物"停顿"这一富有表现力的动作所表达出的某种特殊含义或营造出的某种特别情境。比如，开场赵盾满门被斩杀瞬间血流成河的舞台环境造型，就非常震撼人心。再如，对韩厥将军、公孙杵臼之死的处理，也很有情感冲击力。刚开始，张平运用传统戏曲中的僵尸这一程式动作来处理韩厥之死，可总觉得力度不够，显得平淡。后来，他让韩厥自刎之后，单腿跪地，以刀支撑，屹然不动，有力地再现出这位英雄的崇高人格与伟大形象。还有公孙杵臼，当婴儿被搜出杀害之后，6个校尉军挥戟一起刺向手无寸铁的公孙，公孙口呼"贼子"的同时被高高挑起，这个停顿造型和新颖处理，将公孙之死彰显得无比惨烈，也将这位平民老人的英雄之举深深烙进人心。此外，剧中彩凤遭受酷刑、程婴给孤儿讲述身世时高台上出现的剧中人物造型，以及全剧结束时众英雄群体造型等处理,都是对停顿、静止这一特殊舞台呈现方式的很好运用,将创作者所要彰显的主旨内涵更简约、更直观地呈现在观众面前,起到了意想不到的震撼作用和渲染效果,这些都是《程婴救孤》导演方面凸显出来的亮点。

张平不是一个事先根据剧本做好详细案头工作后,就按部就班进行排练的导演。有时,他会根据自己的想法对剧本做出新的调整。比如,看到好友公孙杵臼和亲生骨肉惊哥惨死之后,程婴有一段很长的核心唱段,来抒发他内心的无比悲痛之情,之后短短几分钟,就转到了16年之后。张平觉得,此时是戏剧发展的一个小高潮,人物可以在此有个重点唱段,来凸显他内心的丧子之痛。但是,和之后16年所承受的屈辱相比,这似乎还不足以撼人心魄,因而对唱段进行了大幅压缩,将高潮放在真相大白之后。过去很多版本的演出,都是魏绛回宫之后,得知程婴当年献孤一事,不知真相的他将程婴绑住,痛打了一顿。而程婴没有任何辩解,最后还说"打得好",来说明魏绛的确是忠臣,然后才给对方说明实情。这样处理固然也很好,但是舞台的悲剧感就大大减弱了。经过张平的重新调整,艺术效果就和以往有了很大的不同:程婴带着孤儿前去拜见魏元帅,但又担心魏绛年久有变,就自己先进去面见。谁知魏绛不由分说,就打了他一耳光,然后命人堵上他的嘴,绑上他的双手,将其痛打一番。"无情棍打得我皮开肉绽……"身心俱痛的程婴终于喊出了"我活着更比死了难"的委屈和慨叹。孤儿闻声闯进来,连声呼喊"你们打错了",并说明自己的真实身份。此时,程婴才有机会一吐为快,将压抑多年的情感倾泻而出,这样,最后这段讲述自己16年忍辱含垢、艰辛抚孤的情感总爆发,才更符合人物当时的真实情感,更加震撼人心。

全剧结束的处理也很有新意,编导没有让赵氏孤儿亲自斩杀仇敌,因为他觉得屠岸贾毕竟给过自己不少关爱,扔刀让其自裁。不料,阴险狡诈的屠岸贾假意自尽,却趁机刺向赵氏孤儿,程婴再次挺身相救。此时,程婴已经没有遗憾,没有委屈,没有痛苦,他怀着对已故亲友的无限思念,坦然无悔地选择了死亡,追随那些亡魂去了。这样的结局,远比以往亲手弑贼和对各位逝去的救孤英雄封赏要深刻得多,而且更加合乎现代观众的审美要求。

以上这些创造,是豫剧《程婴救孤》不同于以往版本的最大突破和颠覆性改编,也是这一古典名剧成功实现现代转换的关键一笔。

● 豫剧《程婴救孤》剧照

　　2002年9月，河南省第九届戏剧大赛在郑州拉开帷幕，在为期近一个月的时间里，来自全省的26台剧目集中在省会亮相，竞争非常激烈。多年没有在全省赛事上取得重要影响的省豫剧二团，这次却大大出乎大家的意料，获得了一等奖的好成绩。尽管剧目还存在着一些小问题，由于资金问题，包括舞美、服装等在内的整体舞台效果还不尽完善，但是它为传统剧目的挖掘改编提供了一个很好的示范，被专家誉为"对一个流失了原有意义的经典剧目的有价值改造"。

　　为了进一步扩大河南戏剧的影响力和彰显创作上的新成就，2003年春，河南省委宣传部、河南省文化厅联合北京长安大戏院，共同主办了"2003长安·河南戏曲节"活动。豫剧《朝阳沟》《五世请缨》《香魂女》《程婴救孤》《唐知县审诰命》《都市彩虹》《长孙皇后》，曲剧《阿Q与孔乙己》《惊蛰》，越调《尽瘁祁山》等11台剧目在京轮番上演，堪称是新中国成立以来河南进京演出剧目最为集中、数量最多、规模最大的一次。尽管正逢"非典"，观众或多或少受到些影响，但是剧场效果之热烈，还是让大家深受鼓舞。距离上次进京演出不足两年，河南省豫剧二团就以新的面貌再次亮相京城,尤其是这部饱含浓郁剧种特色和时代精神、经过重新包装打造的传统剧目,引起了京城戏剧界的广泛热议。

4月13日,文化部委托中国艺术研究院组织专家,为豫剧《程婴救孤》召开了研讨会,对剧目的成功改编与现代呈现给予了高度评价,并提出了一些颇有价值的意见和建议。返回郑州,趁着非常时期演出减少的有利时机,团里又对《程婴救孤》一剧进行再度加工,之后一边演出,一边广泛听取意见,不断进行精雕细刻的修改提升。

2003年年底,二团又联合大河报社、英协河南房地产公司,组成规模庞大的"赴京慰问演出团",到奥运场馆建设工地为广大民工义务送上精神食粮,同时在全国政协礼堂演出经过打磨的《程婴救孤》。12月26日,在中国艺术研究院举行了规格更高的研讨会。会上,曲润海、刘厚生、姜志涛、齐志翔、刘彦君、安志强、崔伟、宋官林等专家,对加工后的豫剧《程婴救孤》给予了全方位的高度评价。这一年,中国戏剧界和电影界先后出现了多部改编自元杂剧《赵氏孤儿》的艺术作品,其中影响较大的有林兆华人艺版、田沁鑫国话版的同名话剧,越剧《赵氏孤儿》,豫剧《程婴救孤》以及陈凯歌的电影《赵氏孤儿》。对待传统文化的不同态度,使得各个改编版本之间呈现出迥然的精神气质,尤其是有些版本以解构主义为名对原著所张扬的忠义、诚信、舍生取义等民族精神的颠覆,对其独领风骚的悲剧意义的消解,使得改编变得伤筋动骨、花样翻新,远远超出了人们的心理和情感接受度。"《程婴救孤》一剧的成功在于其两大亮点:一是不惜冒着保守、僵化的无形压力,在艰辛搏斗中突围;二是它很好地坚守了民族传统美德,坚守了几千年来民众尊奉的主流价值观和价值体系。"(著名戏剧评论家康式昭)豫剧《程婴救孤》之所以在同类改编作品中显得格外耀眼,正是因为它既忠实原著,又在主题开掘、舞台呈现、人物刻画、氛围营造等方面进行了很多独到的处理,极大地增强了这一题材的悲剧意蕴和现代文化含量,更加适合当代观众的审美习惯。

创作人员两年的艰辛努力,终于换来了《程婴救孤》一剧众口一词的好评,河南省豫剧二团这个长久以来被人们当作包袱、任其自生自灭的破落院团终于迎来了复兴的曙光,荣誉和成就接踵而至。

2004年4月,《程婴救孤》以地方戏第二名的好成绩荣获文化部第十一届"文华"新剧目奖,取得了第七届中国艺术节的入场券。9月,经过再次修改提升的《程婴救孤》以总分第一名的成绩摘得全国专业舞台艺术最高奖——第十一届文华大奖,以及包括编剧、导演、舞美、表演在内的5个单项奖,并夺得"七艺节"观众最喜爱的剧目第一名。听到消息那一刻,张平和李树建这对昔日的难兄难弟激动得拥抱在一起,几年来积压在心头的重负也在奔涌的泪水中得到彻底释放。领奖时,捧着期待已久的奖杯,他们开心地笑了,脸上绽放出这一年龄段男人少有的灿烂。

2005年1月,河南省人民政府召开《程婴救孤》表彰会,向河南省豫剧二团颁发100万元奖金,这是我省表彰文艺创作成果奖金数额最高的一次,编导等主创人员和主演也被省政府记二等功。之后,《程婴救孤》又在国家舞台艺术精品工程、中宣部第十届"五个一工程"奖、中国戏曲学会奖等多项评奖中摘得桂冠,几乎囊括了国内舞台艺术的所有奖项,并先后赴香港、澳门、台湾交流演出,进行全国巡演。2008年5月,作为河南省文化厅启动的"艺术精品海外行"系列活动的重要内容,《程婴救孤》一剧又赴法国、意大利巡回演出。这是河南豫剧大型剧目第一次赴海外演出,也是河南舞台艺术精品第一次登陆欧洲。2013年春节,《程婴救孤》一剧又登上了美国百老汇的大舞台,在更广阔的舞台上绽放河南豫剧的魅力。这一年,张平还应邀和话剧导演田沁鑫、林兆华,花鼓戏资深专家吴培义等到英国利兹大学参加《赵氏孤儿》国际艺术研讨会,并代表豫剧《程婴救孤》做了现场发言。

一部《程婴救孤》,让河南省豫剧二团起死回生,影响遍及全国;让二团人从此昂首挺胸、扬眉吐气;更让当年憋着一口气的张平和李树建再次挺直了腰杆,向众人证实了自己的管理能力和艺术才华。

## 七

"春天的花,冬天的寒冷,都是色彩缤纷的人生。"尽管初到二团困难重重,但张平和同伴们用其努力、坚韧和才情书写出艺术人生中新的辉煌。2004年10月底,就在《程婴救孤》一剧摘得第七届中国艺术节大奖后不久,荣耀归来的张平终于和心爱的姑娘刘雯卉步入了神圣的婚姻殿堂,共筑起幸福的爱巢。正如周鸿俊副厅长参加婚礼时赠予他们的寄语"心有灵犀一点通",十余年来,两人相濡以沫,

● 《程婴救孤》摘得第十一届文华大奖

携手前行,生活和谐美满,事业发展如日中天,成为梨园伉俪中令人称羡、成就突出的一对儿。

这一切,都是他们彼此珍惜、真情付出、倾力经营的结果。

1998年,为加强演员队伍后备力量建设,三团招收了一批青年戏曲表演人才,身材高挑、长相秀美、嗓音甜润的刘雯卉就是其中之一。初进三团,这些年轻人对现代戏表演还比较生疏,因为学校老师教的大多是传统戏,且是口传心授的"范本"式教育;而以演现代戏闻名的豫剧三团,有着独特的塑造人物的方法,这对于刚毕业的学生来说,是全新的,也是他们所欠缺的。

起初,团里让这些年轻人先从群众角色演起,作为业务团长和专职导演,张平自然承担起了培养他们的任务。有一次排演《红果,红了》,就一个群众挑着担子走过舞台的场景,刘雯卉因为表演程式化痕迹太重,动作不自然,被张平要求停下,示范排演了好几次才算过关。后来,在张平的帮助下,刘雯卉慢慢学会了把握人物的性格、情绪,懂得了如何分析人物的潜台词、行动线,并逐渐接演了《红果,红了》

● 豫剧《王屋山的女人》排练现场,张平给演员说戏

中的珍珍、《蚂蜂庄的姑爷》中的秀秀等角色。就在这点滴的排演工作中,刘雯卉很快适应了三团的艺术风格,学会了现代戏的表演方法,掌握了现代戏的表演技巧。

对于年轻而有才华的张平导演,刘雯卉早有耳闻。上学期间,获得文华奖的《红果,红了》一剧到省戏校演出,刘雯卉就对该剧别样的舞台风貌和艺术呈现大为赞赏。进团之后,大量的业务工作,使她终有机会和心中仰慕已久的张导有了更多近距离的接触。虽然排练场上的张平十分严厉,说话有时也不大讲究方式,但是,他工作中一丝不苟的态度、指挥若定的气度和对年轻演员的耐心指导,都让刘雯卉十分感佩。

1999年,为推进青年戏剧人才成长,河南省文化厅开始设立青年戏剧演员大赛。由于是第一次设立这样的赛事,报名者甚多,像之后获得梅花奖、文华奖的金不换、方素珍、刘晓燕、申小梅、杨红霞、徐俊霞、田敏、楚淑珍、张艳萍、张兰珍、李斌,以及刘艳丽、史茹、范静、丁建英、海波、陈琍珉等戏剧舞台的中坚力量,都是从这届大赛中选拔出来的,刘雯卉亦是其中之一。那次,三团也有多人参赛,张平负责辅导排练。为了检验自己一年多的学习成果,刘雯卉没有选择最擅长的古装戏,而是以《红果,红了》中刘春花这个极富挑战性的角色参赛。人到中年的刘春花是一个具有革新精神的新时代女性,果敢泼辣,刘雯卉参赛的核心唱段"抬头看约会地依然是旧景象",展现的是主人公面临情感抉择时的挣扎与矛盾。一个是相交多年、两情相悦、对其关照有加的老宋,一个是外表朴拙、实诚豁达、默默支持自己事业的驼哥;一个为了挽救感情而为其自私行为再三道歉,一个为了不给对方压力勉强答应别人的撮合。手拿着二人为她披上的衣服,望着他们远去的身影,刘春花内心五味杂陈。对于年轻且涉世未深的刘雯卉来说,人物的经历和情感都比较欠缺,驾驭起来难度不小,加上经验不够,因而演起来总感觉内心空洞。为此,张平又是讲解又是示范,在挖掘人物内在情感和身段动作的有机融合上予以悉心指导,最终,刘雯卉收获了艺术道路上的第一个重要奖项,而且这种表演理念深深影响着她今后的创作。

随着时间的推移,情窦初开的刘雯卉发现自己对张平的情感慢慢发生了变化,爱情之花开始在她心中悄然绽放。敏感的张平也从对方的眼神举止中感受到了这一切。起初,他心里是有一些顾虑的,态度也不大积极,尤其是20岁的年龄差距让他觉得两人之间不会有什么结果。不承想,这位外表文雅秀气、说话轻声细语的女孩内心却如此炽烈和执着,尽管周围闲言碎语不断,家里人也极力反对,可是刘雯卉却只想遵从自己内心的抉择,勇敢追求自己的幸福。终于,张平冷寂已久的心渐渐被对方温暖了,打开心结的他再次开始了一段甜蜜的恋爱。

人生很少会一帆风顺,一个人的得失大多是守恒的,在一个地方失去了一些,往往会在另一个地方有所补偿。1999年,张平因为"三讲"不过关而面临调离的状况。就在其人生遭受挫折的困顿时期,上帝又为他开启了一扇幸运之窗、希望之窗,性情温柔而内心坚韧的刘雯卉选择了陪伴在他身边,和他一起面对人生路上的风霜雨雪。

在家中待命的那段时间,张平没有了收入。尚未转正的刘雯卉工资还很低,一个人的钱要负担两个人的日常开销,日子显得颇为拮据。有一次,刘雯卉生病发烧,起初她还想挺挺过去算了,谁知第二天夜里病情加重,张平就带着她到附近医院去看急诊。经过化验、检查,医生又开了一百七八十元的药,划价交费时,张平才发现身上的钱不够,就返回去找医生,让他减去了两样药,可去缴费取药的时候,发现还是少了五块钱,无奈又返回去,想让再减去一点。医生瞥了他们一眼,似乎有些不耐烦:"没钱?没钱看什么病呢?"堂堂五尺男儿,因为并不昂贵的一点医药费,让心爱的姑娘跟着遭受白眼,张平心里很不是滋味,尴尬地杵在那里,不知该怎么办。这时,旁边一个坐着轮椅前来看病的老太太有点看不过去了,说道:"就差五块钱,也不能不让孩子看病啊,这五块钱我拿了。"说着从兜里掏出了五块钱。看着老人慈祥的脸,张平和刘雯卉心里涌起一股热流,激动地连声道谢,至今,他们都忘不了这位心地善良的大娘。

虽然那段日子过得比较清苦,可是张平和刘雯卉却因此加深了情感,体会到了一种难得的幸福。刘雯卉排演忙碌时,张平就在家给她做饭烧菜;闲暇时,两人一起读书聊天,观看中外大片,欣赏经典剧目,探讨戏剧艺术。由于志趣相投、性情合拍,两人的生活倒也经营得有滋有味。刘雯卉的默默付出与守候,也让张平的心渐渐走出了阴霾。

2000年6月,张平正式调入河南省豫剧二团任业务团长,虽然工作中遭遇到很多困难,但爱情的甜蜜让他的生活多了一抹亮色。经过两年的卧薪尝胆,由张平导演的豫剧《村官李天成》和《程婴救孤》同时亮相河南省第九届戏剧大赛,并分别获得特别奖和金奖,引起了省内外专家和同仁的极大关注。2003年,《村官李天成》一剧入选2003—2004年度国家舞台艺术精品工程初选剧目,成为河南首个入选该工程的戏剧作品。2004年,《程婴救孤》一剧以总分第一的成绩一举摘得文华大奖和包括编、导等在内的5个单项奖,并夺得"七艺节"观众最喜爱的剧目第一名。两部剧作不仅给河南戏剧界带来了巨大的荣耀,也让张平的事业步入了新的发展阶段。

此时的张平可以说功成名就,而刘雯卉还是个起步不久、刚露头角的青年演员。为了爱人有更好的发展,张平决定暂时放弃要孩子的计划。那时候,综合条件相当不错的刘雯卉已经开始受到团里的重视,先后在《儿大不由爹》《丑嫂》《红旗渠》等剧中担当重任,但对古装戏情有独钟的她还是希望调到一个更能发挥自己优势特长的院团,以演古装戏为主的河南省豫剧二团,无疑是比较理想的选择。但张平此时正担任着该团的领导职务,按照当时的组织规定,亲属不能调入同一单位。经过思虑,张平主动要求调入河南省艺术研究院,为妻子开辟出新的施展才华的空间。

调入二团的刘雯卉如鱼得水,先是拜师豫剧名家赵玉英,成为阎(立品)派的第一个再传弟子;不久,团里为其排演了《泪洒相思地》《秦雪梅》《下陈州》等剧;2004年,在戏曲艺术片《七品知县卖红薯》中,刘雯卉更是大胆挑战自我,饰演京城知名官妓一枝花;2008年,继《程婴救孤》之后,张平和李树建、陈涌泉再次联手创排了新编历史剧《台北知府》,刘雯卉凭借剧中山妹一角荣获省第十一届戏剧大赛文华表演一等奖。同时,三团几年的实践历练、张平的悉心指导,也让刘雯卉在现代戏表演上愈加成熟,并有机会应新乡大北农集团艺术团和湖北襄樊市(现湖北襄阳市)豫剧团邀请,先后在现代戏《山道上的女人》和《山野秀才》中担当主角。

刘雯卉真挚深沉的爱,让张平得以心无旁骛地投入创作与管理,事业渐入佳境;同时,张平不仅在艺术上给刘雯卉以极大帮助,也总是在为她寻求一切展示其才华的机会。

2002年10月,为庆祝中日邦交正常化文化交流30周年,张平为刘雯卉和李树建排演了《宋江杀惜》一折,并作为唯一的戏曲节目,随中国代表团赴日本演出,这出以身段表演为主、极具中国戏曲美的节目,受到了异国观众的赞扬和青睐。

2006年,刘雯卉偶然在电视上看到了秦腔《武松杀嫂》一剧,特别喜欢这个渴望真爱、真实独特的潘金莲形象。她把这个想法告诉丈夫后,张平立即决定移植排演。他首先对剧本做出调整,并在唱腔、表演方面进行指导和全新设计。《金莲之死》这一折歌舞并重,唱做兼具,人物情感比较复杂,展示的是潘金莲在灵堂之上,面对武松的辱骂与愤怒,倾吐其内心情怀的一段戏。多年来,潘金莲一直是个备受争议的人物,这样一个颇有姿色、聪明能干的女人,为什么选择嫁给三寸丁武大郎?明知自己的情感不被社会容许,她又为何难掩对武松的爱慕?最后,她为何再次向心上人勇敢示爱并毅然选择了以刀自尽?张平帮助刘雯卉深入挖掘角色的性格核心,细致梳理人物的内心情感,准确把握特定情境下人物的心理节奏,找到其行为举动的合理性、动情点。表演上,不仅为她设计了三尺多长的水袖,运用翻身、趾跪等程式动作,还融入了现代舞蹈身段,通过她和武松之间的冲突、躲闪、情感交织等舞台呈现,将潘金莲积聚在胸的真情与渴望予以淋漓的张扬,对塑造人物、外化其内在情感起到了很好的作用。凭借这一角色，刘雯卉在全省第五届青年演员戏剧大赛中赢得了专业最高分，很多戏剧界同行包括三团的老艺术家看后，都认为刘雯卉无论是刻画人物还是唱腔艺术，都有了突飞猛进的提升。其间，她还先后跟随河南省豫剧二团和河南文化交流代表团，将这折戏演到了台湾和港、澳地区。

多年的艺术实践，让张平深感文化素养、艺术修养对一个演员的重要性，因而，他不仅在这方面对妻子提出了高标准，而且在排练场上对刘雯卉要求要比其他人更加严厉。在艺术上如何去表现，刘雯卉也有自己的想法，或许是因为比较年轻，有时理解或表达得不够准确，张平就会毫不客气地指出来。当然，刘雯卉有时也会从演员的角度，给丈夫提出一些建设性意见，使得张平在与其他部门的合作上更加默契。就这样，他们在艺术上相互鞭策、共同发展，为了对方而一再推迟对未来生活的规划。

2008年，中国戏曲学院首届豫剧本科班面向全国招生。趁着年轻，进入戏曲高等学府深造，是刘雯卉盼望已久的梦想，也是张平最想帮助妻子完成的心愿。于是，在张平的支持下，刘雯卉重又拾起课本，经过几个月的潜心苦读，终于如愿拿到了录取通知书。2009年9月，张平陪同刘雯卉北上进京，为其送行。分别的一刹那，两人心里都有着诸多不舍，张平一句"好好学习，家里一切有我呢"，更是让刘雯卉双眸湿润，无限感怀。4年的时光，对情深恩爱的他们来说是多么的漫长，可是，经历过大学锤炼的张平知道这样的机遇多么难得，他也期待不久的将来能和妻子有一次成功的合作。

机会很快来了。

2011年5月，为迎接全省戏剧大赛，济源市戏剧艺术发展中心决定创排豫剧现代戏《王屋山的女人》。该剧讲述的是王屋山下一个普通女人替夫还债的故事。村民青山带领家乡人在外承揽建筑工程，年底结算时，工程款却被急于为儿治病的会计马玉堂卷走，青山闻讯，突发心脏病身亡。面对纷纷上门讨债的乡亲，青山之父吞下了债务凭证——欠条。风波将起之时，青山的媳妇彩云挺身而出，当众承诺全部偿还，并在公爹的逼迫下离开家乡，从此走上了一条挣钱还债的艰难之途。剧中主人公彩云有着自己的做人原则、道德标准和处理事情的方式，在生活遭遇

● 豫剧《王屋山的女人》剧照

不幸的时候，她用勇气和担当书写出了自己人生中的美丽篇章，也折射出了王屋山人特有的善良、诚信和坚强。

为了在大赛中取得好成绩，济源有关方面领导对《王屋山的女人》的创排给予了大力支持，并邀请张平担纲导演，中国戏曲学院教授左奇伟担任音乐设计，又多方寻求饰演女主角的最佳人选。此时，正巧要放暑假的刘雯卉，在众人的推荐下迎来了这次难得的机缘。中国戏曲学院两年表演理论的系统学习，文化知识的逐步积累，角色创造课的大量训练，也让刘雯卉萌生出创作的渴望。

拿到剧本后，刘雯卉认真阅读、仔细分析，根据要求写好了人物自传，并按照既定想法去创造人物。但张平是一个思维活跃、善于变化的导演，排练现场往往会产生很多新的想法，从而对原有思路做出调整。作为夫妻，两人私下探讨、彼此意见不同的时候，张平会耐心进行解释，刘雯卉也会愉快地接受对方的意见。可是一旦到了排练场，张平就像要求其他人一样，而一时难以适应其变化和节奏的刘雯卉，有时就会不自觉从妻子的身份出发而在言语上有所冲撞。经过不断调整磨合，

● 豫剧《王屋山的女人》剧照

两人在工作中也变得更加自如和谐。当然,夫妻合作也有一个好处,就是两人彼此了解,容易沟通,在很多方面都有着一拍即合的默契。

那段时间,除了在排练场上的交流,张平和刘雯卉也常常在吃饭、散步时争论探讨。回到住所,意犹未尽的两人还会继续切磋,有时张平起身示范一下,有时刘雯卉再比一比,有几次他们越说越兴奋,一直聊到凌晨三四点,丝毫不觉得有倦意。

刘雯卉虽然对人物理解把握得比较准确,但由于尚未做过母亲,体验不够深入,加上饰演孩子的演员与她年龄相仿,因而有时即便动作到了位,表演却缺乏内在情感力量。有一次排练彩云与儿子的对手戏,刘雯卉的表现不尽如人意,张平就让二线演员示范给她看,对方一个下意识动作,就显得非常自然真切,这让刘雯卉深受触动。为了寻找到母亲的感觉,张平一边讲解分析,一边让刘雯卉从生活中寻找灵感。慢慢地,刘雯卉获得了人物的自我感觉,舞台上的一举一动也有了真实的内容和情感。

● 豫剧《王屋山的女人》剧照

经过一个多月的辛苦排练,公演后的《王屋山的女人》受到了专家、同行的广泛赞誉,先后斩获河南省第十二届戏剧大赛文华大奖、第五届黄河戏剧节剧目大奖,刘雯卉也以精彩的演绎获得文华表演一等奖和表演金奖;之后,该剧又参加了第二届中国豫剧节、"向党的十八大献礼——河南省优秀剧(节)目北京展演月"、中原人文精神优秀剧目全省巡演,刘雯卉的技艺也在进一步加工磨炼中日渐纯熟。2013年5月15日,刘雯卉带着《王屋山的女人》赴成都角逐第二十六届中国戏剧梅花奖,以优异的成绩为自己交上了一份满意的毕业答卷,也由此成为中国戏曲学院建院以来第一位获梅花奖殊荣的在校生。

2014年10月,在张平、刘雯卉婚姻走过整整十年之际,《王屋山的女人》又有幸被省文化厅推荐参加第十六届中国上海国际艺术节中华原创戏曲板块演出。其强烈的时代精神、醇厚的乡土气息、鲜活的人物形象、清新的舞台风格,广受同行和观众好评,在精品荟萃的艺术节上引起极大反响。尤其是刘雯卉的表现颇受瞩目,不少专家称,她的嗓音条件十分优越,而且特别注意用"情"来统率演唱技巧,在行腔的快慢、强弱、收放、韵味方面把握得恰到好处,很好地传达出了特定环境中人物的精神面貌、内心情怀;同时,她舞台上的一招一式都是那么讲究、自然、从容,既贴近生活,又有艺术的美感与人物的神韵,尤其是下叉、跪步、串翻身、乌龙绞柱等身段技巧,运用得很顺、很巧、很美。这么年轻的演员,能把彩云这一角色演得真切而生动、深刻且厚重,非常难能可贵,堪称是青年演员中的翘楚。尽管赞誉颇多,但对于获奖,张平和刘雯卉还是不敢抱太大期望,因为参评本届白玉兰奖的共有29个剧种的144名演员,其中参评主角奖的就有61名之多,竞争非常激烈。但最终刘雯卉还是凭借出色的表现脱颖而出,和其他7名演员如愿将上海白玉兰戏剧表演艺术奖主角奖纳入囊中,这也是继李树建、贾文龙、汪荃珍之后我省第四位摘得此奖的戏剧演员。

豫剧《王屋山的女人》不仅让刘雯卉屡摘大奖,光芒绽放,也让张平在创作理念和操作实践方面有了新的探索和收获。在表演上,他始终坚持发扬戏曲表演特点的优良传统,最大限度地发挥戏曲表演艺术的程式化和虚拟性的美学潜能,在表演造型的诗化写意性、舞蹈造型的现代感追求、静止场面的动作造型处理、夸张动作造型的性格刻画和心理外化表现上做出了许多成功的尝试。此外,在戏曲音

● 豫剧《村官李天成》排练现场,张平深思

乐的多元化组合(唱腔音乐的继承与创新、过门儿音乐和背景音乐的中西混合交响化处理、歌剧的借鉴和化用、淡化打击乐的音效举措)、舞台美术的综合性效果(化妆的直观视觉冲击、灯光的现代阐述和巧妙运用、服装的符号意义和心理揭示作用、布景的象征意义和写意特色、场景的现代化撤换和道具的魔术化处理)方面,也取得了一定的突破和成绩,得到了专家与观众的高度评价。

  2015年3月,过完新年不久,刚刚获得白玉兰奖的刘雯卉又收到了中国戏曲学院艺术硕士研究生的录取通知书,圆满完成合作的两人也即将在几个月后迎来他们爱情的结晶,体验为人父母的喜悦与幸福。相信在未来的日子里,张平和刘雯卉会继续用心经营他们的生活,续写出事业的华彩篇章和"执子之手,与子偕老"的温情与浪漫。

# 八

　　实际上,在《程婴救孤》正式运作排演之前,张平就已经攒足劲儿开始打一场只能胜不能败的翻身仗。

　　2001年初,省文化厅决定对豫剧《村官》进行加工,张平应邀加盟剧组。这个戏的创作诞生,最初源于中央领导的一次提议。2000年的全国农村基层党组织工作会议上,濮阳县西辛庄党支部书记李连成的典型发言,引起了中共中央办公厅领导的兴趣。会后,中央领导与时任河南省委秘书长的王全书谈话时说:"豫剧在群众中很有基础,要是把西辛庄和李连成的事迹搞成一台现代戏,一定会受群众欢迎!你们搞吧,搞出来我一定看!"

　　中央领导同志的这个意见,对新农村致富带头人李连成的事迹和"西辛庄模式"是个很好的宣传,同时也给河南戏剧界出了一道难题。接到这个任务,在省委领导和濮阳市委领导的关心支持下,濮阳市豫剧团很快排演出了一部以李连成事迹为素材的现代戏《村官李天成》,还在全省进行了巡演。但是,由于时间较为仓促,距离向中央领导和首都观众汇报还有差距。在新一轮加工中,由于艺术观点和某些问题的分歧,原作者最后退出剧组。眼看时间一天天迫近,省委领导十分着急,文化厅也是压力重重,经过慎重研究,最后决定由河南省豫剧三团和濮阳市豫剧团联袂排演,姚金成、张芳、韩尔德另起炉灶,重新创作,原主演贾文龙借调到郑州参加新剧的排练。

　　2001年9月,三位编剧和导演张平入住河南饭店,开始了紧张的讨论。经过半个月的艰苦创作,剧本终于拿了出来,经过研讨修改,11月中旬,剧组开始在河南省豫剧三团集中排练,杨丽萍副厅长亲自主持召开了排演动员会。时隔一年再次回到这里,与昔日的同事携手并肩,张平心里说不出是什么滋味。要想赢得大家的认可,必须要靠实力说话。

　　以真人真事为基础的英模戏历来就是戏剧创作的难题,搞不好就会陷入高大全、简单化的窠臼,缺情少趣,难以吸引人、打动人。从未接触过这类题材的张平,压力自然不小。这一稿上演之后,整体艺术表现还不错,但存在的问题也不少,尤其是舞美上比较失败。因此,团里原来对张平有些不同意见的人趁机要求更换导

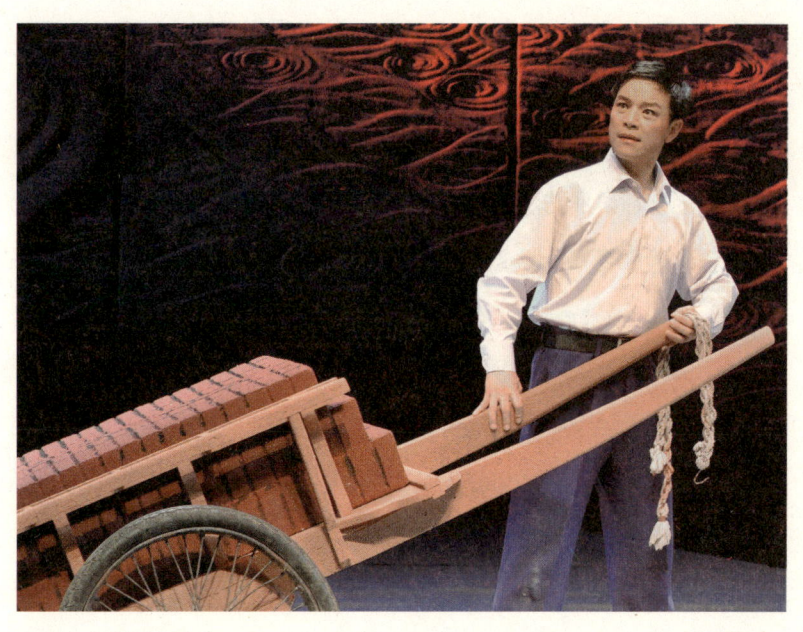

● 豫剧《村官李天成》剧照

演。当时省文化厅副厅长杨丽萍、艺术处处长王天虹和编剧都不同意这种临阵换将的做法，因为很多优秀作品都是不断加工、磨合出来的，即使是大家，也不敢保证一次成功。为了保证接下来的修改工作顺利进行，经领导同意，剧组聘请中国艺术研究院著名导演黄在敏担任该剧的艺术指导，坐镇把关，具体排演工作还是由张平负责。

2002年春节过后，《村官李天成》一剧开始了新一轮改动，其间，省委领导多次和主创人员一块儿讨论剧本，为剧本把脉，明确修改提高的基调和方向；戏剧界也多次举行论证研讨，会诊开方。在多方关注和反复打磨中，剧本的情节和人物终于出现了质的突破和跨越。尤其是第四场李天成在黄河岸边替老根叔拉车的一段戏，成为主人公感情和思想转折升华的一个关键节点，舞台面貌也有了很大程度的提升。5月，《村官李天成》终于以新的面貌正式亮相。9月，该剧首次进京演出，引起轰动，好评如潮。时任中组部部长曾庆红、中宣部常务副部长刘云山、中国人民武警部队司令员吴双战等观看了演出，称赞这部戏"是近年来少有的精品之一",《人民日报》《光明日报》、中央电视台及我省众多媒体全面报道了演出的盛况。此时的张平,终于长长地舒了一口气。

2003年,该剧入选2003—2004年度国家舞台艺术精品工程初选剧目,成为河南首个入选该工程的戏剧作品;2007年荣获中宣部第十届精神文明建设"五个一工程"奖。2010年5月,该剧经过再次提升,在主题思想、人物刻画和艺术呈现上更加精致,参加第九届中国艺术节,一举获得文华优秀剧目奖以及包括编剧、导演、音乐、表演在内的多个单项奖。其间,该剧还五进北京,两进上海,演到了广东、海南、山东、陕西,演遍了河南城乡……这部当初并不被人看好的"定向戏"成了河南省豫剧三团久演不衰的品牌剧目,为豫剧现代戏带来了新的繁荣和声誉,也带来了巨大的社会效益和经济效益。饰演男主角李天成的贾文龙凭借此剧荣获第二十届中国戏剧梅花奖、2004年上海国际艺术节白玉兰戏剧表演主角奖;饰演三娃的陈琍珉荣获白玉兰戏剧表演配角奖。

2012年4月26日,由中国剧协、中华豫剧促进会等单位联合主办的大型豫剧现代戏《村官李天成》演出800场座谈会在郑州举行,王安葵、黄在敏、罗怀臻、王蕴明、刘彦君、姜志涛、赓续华、鲁枢元、崔伟、孙豹隐、孙荪、谭静波、陈涌泉、李红艳等来自北京、上海、陕西、江苏和河南的文艺界专家齐聚一堂,从不同角度对此现象进行了深入的研讨。11年来见证着《村官李天成》酝酿、诞生、提升、成熟的著名剧作家罗怀臻,更是用"近于完美"来赞誉该剧,称其为当代一部当之无愧的舞台艺术精品,并用"三个跨越"(从生活原型到艺术典型的跨越,由最初具有艺术感染力的宣传品到最终有普遍教育意义的艺术精品的跨越,由创作剧目到保留剧目的跨越)、"四个代表"(成为这部作品主要演员和创作人员的代表作,成为河南省豫剧三团的代表作,成为河南省新世纪以来最优秀的代表作之一,成为当代中国戏曲现代戏的重要代表作之一)来概括它所取得的卓越的艺术成就。

《村官李天成》是河南戏剧界在省委、省政府直接组织领导下的一次集体拼搏和跨越,其中既凝聚着诸多领导和戏剧专家的智慧和才华,更离不开全体创作者的辛勤创造和艺术家们的精彩再现。单就导演方面来说,中国艺术研究院著名导演黄在敏的评价最为准确中肯,也很有代表性:"人们都说《村官李天成》戏曲化程度很高,一个非常重要的原因就是,它的结构从骨子里就是戏曲的东西,人物的行

● 评剧《长霞》剧照

动、全剧的情节在线性中发展,单纯明了;同时,编导又在这些线性流动中经营出许多点,也就是善于在人物内心意志形成或展开的地方生出许多戏来,如'拉车舞',并用唱念做打充分恰当地把这些戏鲜明地表现出来。也可以这样说,有了这些点,才能充分发挥戏曲唱念做打这些手段的功用。而有了这些手段的精彩呈现,这些有戏的地方才更有戏,更有戏曲的味道,更有观赏性。李天成在黄河岸边拉车的一段戏,就是内外结合、戏曲化创造的结果。更为可贵的是,它不仅提高了人物表演的观赏性,更提升了人物的精神境界和人格光辉。"(黄在敏《精益求精颂"村官"》)

曾和张平同在河南省豫剧三团工作,也是由演员成长为导演的李云在《精工巧雕 再添异彩——评新版豫剧〈村官李天成〉》一文中,对张平在现代戏的戏曲化呈现上给予了高度评价,认为从舞台呈现到表演风格,都实现了很好的统一。第一场"防洪抢险",用戏曲身段来表现,很有戏曲味道,这个开场一改过去"话剧加唱"的传统模式,给该剧的戏曲化艺术风格进行了准确的定位。第三场的开会入股、第

● 姚剧《母亲》剧照

五场的开会扩股,这种场面是最难用戏曲程式表现的,因为开会的场面是板块形的,很像西洋油画,是写实的,要从中找出线性的具有中国戏曲写意性的艺术元素来,是十分困难的。然而,导演张平找到了,他首先是遵从"有声皆歌,无动不舞"的戏曲原则,让演员的表演有节奏地动起来,用身段动作来外化人物内心的情感表达。比如,李天成和三娃的对唱舞步、李天成与12个党员喝酒的定格亮相等,都很好地扣合在了戏曲的美学神韵上。尤其是"今日事一桩桩刺疼了我"一段,表演上运用了大量的戏曲化身段动作,如磋步、跐步、跪步、劈叉、吊毛等程式技巧,十分精彩。更值得一提的是,整个戏在节奏上的戏曲化表达较为准确,在现代戏走戏曲化的道路上做出了有益的探索。

《村官李天成》是张平重返河南省豫剧三团后证实自己的一次艰难突围,其间虽有困惑、痛苦,但也让他得到新的磨砺和提升。这个戏搬上舞台至今,不仅给河南省豫剧三团带来了巨大声誉,在演出传播上也取得了骄人的业绩,无疑是河南省豫剧三团发展史上的又一辉煌篇章。

姚剧《母亲》剧照

　　《村官李天成》和《程婴救孤》基本上是同时开始排演的,它们一现代一古装;一质朴简约,一大气恢宏;一诙谐抒情,一深沉悲壮;艺术特色对比鲜明,风格样式感很强。二者之所以被誉为新世纪河南戏剧创作的优秀典范,其中既有相关领导持续不断的关注和支持,更包含了张平等主创人员的诸多心血。这两部戏不仅是张平经历波折、卧薪尝胆之后的重新崛起之作,更让他赢得了令人艳羡的一系列奖项、荣誉,并由此跨入了全国优秀戏剧导演的行列。

　　从《红果,红了》《村官李天成》到《程婴救孤》,张平先后三次摘得国家舞台艺术最高奖——文华导演奖,成为省内为数不多、成就卓然的一位年轻优秀导演。2006年,跨入事业发展高峰的张平调入河南省艺术研究院,其创作也开始走出河南,走出豫剧,声名远播。

　　《程婴救孤》在第七届中国艺术节上一炮打响,让张平因此名声大振。不久,他就接到了中国评剧院的邀请,执导评剧《长霞》一剧。该剧是根据人民公仆的优秀代表、登封市公安局长任长霞的英雄事迹创作而成的,编剧是我省剧作家张芳和

● 新编历史剧《赤壁周郎》剧照

中国评剧院副院长刘侗。任长霞因公牺牲,其先进事迹经媒体报道后引起广泛社会反响,也深深震撼了广大戏曲工作者。一时间,河南迅速推出了不同版本反映任长霞事迹的现代戏,很多外省剧种、院团也纷纷展开了相应的创作。如何在同一题材中挖掘出主人公与众不同的一面,是剧目创作成功、得以立足的关键。编剧张芳、刘侗和导演张平没有拘泥于纪实报告文学和真人真事,而是从戏剧规律入手,对任长霞的英雄事迹进行提炼和取舍,以独特的视角艺术化地再现了任长霞的光辉形象。

如何将这位来自家乡的英雄血肉丰满地再现于评剧舞台上?有过不少现代戏排演经验的张平觉得,对于这类题材的处理,不能太过追求舞台的华丽和形式的新奇,也不要有矫饰浮夸的表演与导演手法,而是要还原戏剧的核心本质,在"质朴"的舞台形式中去凸显英雄的常人性情与崇高品质。应该说,《长霞》很好地体现了他这样的艺术追求。在舞美上,全剧由形状、高度不同的台阶组合与一个可移动小平台构成主要支点,通过道具与幕布的点缀,点染出不同场景,简洁而不失流

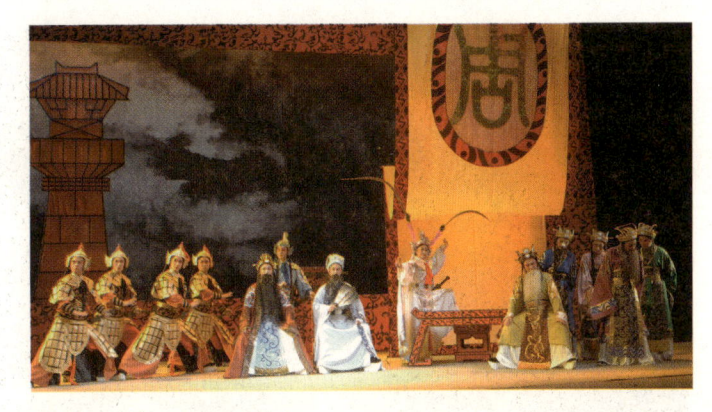

● 新编历史剧《赤壁周郎》剧照

畅。张平没有运用过多新的导演语汇去刻意营造舞台视觉的华丽，而是充分挖掘《长霞》本身的戏剧张力，以真情打动观众，把现代真实生活的形态与戏曲舞蹈身段有机地融合在一起，从工作、生活、性格、情感等多方面入手，塑造出一个坚强果敢而心细入微、铁骨铮铮又柔情似水的女公安局长形象。

同样是贴近生活的现代戏，以何种舞台样式和艺术手法来展现剧本内容，张平从来不会固守一种模式。比如，姚剧现代戏《母亲》（余姚市艺术剧院演出）讲述了一个"狠心"母亲教子自立的故事。为了让娇生惯养的儿子学会自立，身患绝症的年轻母亲赵国英采用近乎残酷的方式，把他赶到上海去打工，并约法三章，一年内不准向家里伸手……种种磨难终于使儿子学会自立，明白了人生道理，但当他回家时，母亲却已去世。这个戏通过当前社会关注的一个热点问题——独生子女教育，生动地演绎出伟大深沉的母爱。

为了更好地传达这份沉甸甸的情感，同时让传统的姚剧更具现代感，与当代观众的心灵进行碰撞，张平充分发挥了姚剧擅演现代戏的优势，根据人物个性及

● 越剧《画皮》剧照

剧情发展,将新颖时尚的音乐和舞蹈有机地融入到表演中。最突出的一大亮点,是以"歌队"的形式代替了舞美,30多名演员被编排成各种人物造型,以队形和造型的变化形成不同的场景,以此来贯通剧情,连接场面,营造气氛,同时也起到了背景人物的烘托作用。舞台布景采用板块组合的结构,时空灵活,画面新颖,一些简易移动的道具,较好地起到了切割或连接故事的作用,使得整个演出一气呵成,前后呼应。"约法三章""门内门外""工棚探子""灵堂哭母"等重点篇章,浓墨重彩地体现了戏曲的本体特征和美学精神。很多专家评价,这出既具现实意义又有现代艺术风格的戏剧,使姚剧这个乡土剧种焕发出新的生命力,并在艺术上得到了整体的提升。

如果说河南省豫剧三团20年的熏染和历练,让张平在排演现代戏上得心应手,那么,上海戏剧学院的培养和南京大学戏剧专业的深造,让他对剧本的理解和阐释更为准确深刻,在面对不同题材风格的新编历史剧时同样驾轻就熟,显示出灵动的舞台创造力。

● 新编古装戏《魏敬夫人》剧照

　　2006年,在浙江省文化厅艺术处原处长、著名戏剧专家顾天高的建议下,义乌市婺剧团邀请张平加盟新编历史剧《赤壁周郎》的新一轮排演。张平看完剧本之后,提出了不少问题,原作者修改了几稿,还是没有多少突破和提高。于是,张平就希望义乌方面能够召开一个专家座谈会,多听取一下各方意见,将文本工作做得更加扎实,避免日后再做推翻性的工作,浪费人力财力。正巧,第二十一届田汉戏剧奖当时正在浙江义乌进行一年一度的评奖工作,义乌方面立即联系了评奖委员会的专家。研讨会上,评委们对此剧提出了诸多中肯的意见,《东方艺术》主编、河南省艺术研究院著名剧作家姚金成在会上的一番精彩发言,引起了反响和共鸣,义乌方面当即诚意邀请他参加该剧的创作。

　　张平和姚金成是相交多年、合作默契的好伙伴。在这次合作中,他们相互碰撞刺激,从而赋予这个故事以新的灵魂,赋予历史人物以新的神韵。新版《赤壁周郎》不再局限于原小说对人物的刻画,而是从人性的层面挖掘"瑜、亮情结",以全新的现代文化视角解读"赤壁之魂"。观众熟悉的"群英会""蒋干盗书""草船借箭""火

● 京剧《项羽》剧照

烧战船"等故事，只做了一般性的简写，重点则放在对人物不同情境中的心理刻画上，尤其是"赏琴""斗琴""借琴""还琴"等情节的创置，很好地展示出两位英雄的人格、情怀和"各扶明主"的君子之约，构思巧妙新颖。尽管周瑜还是难掩对诸葛亮的嫉妒，但是，在内心经历了"是杀是放"的矛盾的咬啮、折磨后，他最终超越了狭隘的人性弱点。最后，当心灵释然的周瑜重操琴弦，以韵味悠长的琴声礼送诸葛亮的船队缓缓驶去，一个血肉丰满、别开生面的英雄形象最终在诗意盎然的舞台上得以驻立升华。

张平曾在导演阐述中如是写道："古老的剧种，千年的故事，全新的现代文化视角，这是我走进婺剧《赤壁周郎》时牢牢把握的三个精神向度。我希望世上所有企图建功立业的男人们，都能从赤壁的故事中看到自己灵魂骚动的影子，听到上天给人类的警示和启悟。"由于寻找到了传统故事与现代意识的契合点，牢牢把握住了观众欣赏历史剧的审美需求和心理期待，张平也最终找到了最佳呈现方式，整个舞台精致大气而富有浓郁的古典汉风，剧中人物既有现代表演艺术的深度，又呈现出传统戏曲的意蕴和独特之美。

从2004年开始，张平的事业迎来一个新的发展阶段，邀约不断。十年间，除了评剧《长霞》、姚剧《母亲》、婺剧《赤壁周郎》，张平还先后应邀执导排演了越剧《画皮》（上海越剧院），京剧《孔雀东南飞》（北京京剧院）、《项羽》（济南京剧院），豫剧《悠悠我心》（河南省豫剧三团）、《梨园风流》（周口市青年豫剧团）、《轩辕大帝》（新郑市豫剧团）、《清风茶社》（郑州市豫剧院）、《兰考往事·焦裕禄》（河南省豫剧三团）、《王屋山的女人》（济源市豫剧团）、《山野秀才》（湖北省豫剧团）、《魏敬夫人》（河南省豫剧一团）等，在更广阔的舞台上精彩亮相，努力践行着自己对戏曲艺术创作新的追求与思索……

以上这些剧目虽然涉及剧种众多，题材多样，风格各异，但是，我们不难从张平的成长轨迹中找寻出他导演艺术上的一些特点。

深受母亲言传身教、经过严格科班训练的张平，对戏曲程式化的表现手段运用十分熟悉，同时他又在河南省豫剧三团工作多年，深受其艺术风格的影响，因而，他导演的现代戏，既较好地继承了河南省豫剧三团前辈注重内心体验、表演生活化的特点，又非常注重舞台表演的戏曲化。比如，《村官李天成》中看到老根叔留下的那根血染的袢绳，五内俱焚的李天成抒发内心痛苦和决心的"拉车舞"；《兰考往事·焦裕禄》中群众栽树浇水的劳动场面、抗洪排险的舞蹈，以及焦裕禄饱受病痛折磨时的高难度表演；《王屋山的女人》中彩云惊闻儿子失踪，日夜跋涉、艰辛寻子的身段技巧……都是对传统戏曲程式恰到好处的创造性使用，既增强了表演的戏曲化和观赏性，又形象地外化出人物此时此刻浓烈复杂的情感。

2011年，事业稳步发展的张平又取得了南京大学艺术学硕士学位。新的戏剧观念的融入，使得他的作品既富有传统戏曲的神韵，又具备现代舞台的品格，或古朴雄浑，或清新雅致，或大气磅礴，或深沉悲壮，可谓个性鲜明，一戏一特色。比如，在新近导演的新编古装戏《魏敬夫人》中，他就一反当前满台装置的弊端，运用简约的手段和元素，将舞台装点得极为丰富，增强了叙事的流动性，也使全剧透露出深沉恢宏的历史画卷感。河南省艺术研究院著名作曲家方可杰在《推杯换盏识张平》一文中如是评价："导演对舞台空间的掌控可谓游刃有余，场与场之间转换自然流畅，场面氛围的热与冷、动与静、紧与松，协调舒服，有机自然，尤其是整个舞

● 张平在工作中

台呈现体现出导演向简约回归的清醒意识和对舞台样式感的明确追求。"

如今的张平,虽然已经过了知天命之年,但就像他的众多合作者所说,张平永远拥有一颗年轻人的心,内心敏锐,个性张扬,热情奔放,活力无限,属于激情型的艺术家。这种独特个性反映在艺术创作上,就是他能从自己丰富的情感体验、人生经历中找到灵感,对不同情境中的人物把握比较准确、深刻,从而使得这些形象真实、生动、情感浓郁、血肉丰满,充满了内在的感染力。而且,张平还有一个很好的优势,就是他不仅能给演员讲解启发,还能身体力行地进行示范。有人不明白或做不到位的,他在场上一比画,演员很快就能找到感觉,顿生豁然开朗之感,少费了很多口舌之功。

和张平合作过的创作者或是演员,都有一个深刻的感受,那就是排练场上的张平特别"善变",昨天想好的方案,第二天就有可能会临时做出新的调整,或者完全推翻重来。因为,事先的构想虽然可能比较仔细全面,但是,面对舞台空间,面对个性不同的演员,张平常常会生发出很多新的灵感与创造。当然,这种做法有一定

● 张平在工作中

缺点，也会让很多人觉得不适应，因而有时会发生一些摩擦和不愉快。但从另一个角度来看，这也说明张平勇于否定自己，思想不僵化，可塑性很强。而且，张平特别注重和各部门人员探讨交流，善于听取意见，充分体现出他谦虚、严谨的创作态度和对合作者的尊重。这对于一个艺术家来说，是非常可贵的品质，也是张平能够在导演之路上不断前行的一个重要原因。

2014年7月21日，由河南省文化厅主办，河南豫剧院、河南省文化艺术研究院承办的"河南省艺术名家推介工程——张平导演艺术研讨会"在京举行，研讨会由河南省文化厅副厅长李霞主持，文化部、中国剧协、省文化厅等有关领导出席了研讨会。来自京豫两地的20多位专家学者从不同角度对张平的艺术成就和导演风格进行深入研讨。与会专家认为，在河南戏剧的一线方阵中，导演张平堪称是一员功力深厚、战绩显赫的大将，也是新时期涌现出来的有着鲜明个性、深具潜力的实力派导演。几十年来，他始终坚守在艺术创作第一线，既很好地继承了戏曲的传统，又具有强烈的艺术敏感性，善于抓住当代观众的审美需求，使得作品呈现出鲜明的时代感。他执导的许多剧目,以独特的舞台样式、深厚的文化内涵和强烈的艺术感染力,引起全国戏剧界和观众的广泛关注,为河南乃至全国的戏曲艺术发展做出了贡献,也奠定了他在全国戏曲导演行列的应有位置。

在最后的答谢词中,张平如是表达了自己的心情:"这些年来,无论戏曲处于发展低谷还是渐入坦途,我始终坚持着自己最初的梦想,演好戏,排好戏,磨精品,出成果,与时代同行,与观众同心,全身心融入到艺术大海之中。今天的推介会,是对我艺术征程的一次回顾和总结,也是对过去的握别,更是新生的开始。我一定会继续为理想而努力,把内心的深深感谢化为实际行动,再接再厉,努力创新,用更好的作品回报关爱、支持我的所有的人们。"

张平的这番话,绝非空洞客套的场面之词,而是他内心情怀的真实表露。他已经用四十余年的艺术人生,表达了自己对戏曲舞台的挚爱;用一部部富有影响的优秀作品,证明了自己的艺术才华。正如他自己所说,这次推介会,是对过去的回顾总结,更是新生的开始,所以,他的研讨会宣传册才命名为"在路上"。

在路上,表明了激情四射的张平不断前行的态度;

在路上,显示出谦虚好学的张平永不停止的追求;

在路上,传达出永不满足的张平不断挑战、突破自我的理想和信念。

真诚祝愿张平在未来的艺术之路上,走得更加自信、坚定、从容……

# 天山脚下说张平

肖 帅

用新疆话来夸一个男人的话,张平是个"儿子娃娃"!

河南与新疆相距很远,因为有三千多公里的距离,坐火车到郑州需要 34 个小时;河南离新疆又很近,是因为占中国六分之一的土地上有豫剧。新疆 2100 万人中,每 5 个人里面就有一个河南人或与河南有血缘关系的人。我与张平认识是因为豫剧,我们都爱豫剧,因为我是新疆现在唯一一个还在写豫剧的人;只是我在新疆做编剧偏安一隅,他在内地当导演火在全国。

我仰慕张平导演,这是一个男人对一个男人由衷的印象!

## 相识是一种缘分

前几天与几个石河子的戏迷、文友聚会,说起张平尽是好词:做人有温度、排戏有激情、善饮有人缘,希望张导演啥时候能再来喝酒谈艺术!从 2007 年开始,我与张平导演合作了《天山雪莲》《我的娘·我的根》两个戏。两个戏都因他的牵线搭

● 工作中的张平导演

桥回河南演出,分别参加了中国第二届豫剧节、第六届黄河戏剧节。

和张平相处,心里是阳光的。他从不对别的戏或人品头论足,总能在适当的时候、适当的场合给你提出他的需要。他会在处理一个矛盾点的时候跟你说个通宵,直到你能接受他的观点。他常在排练中反思、否定自己,直到他认为最佳。有时昨天下午认为比较好的、顺的,今天就会被推翻,因为他在演员的碰撞中寻找到了一种戏剧的灵感和张力。他说有时候过于顺就是有问题。和张平相处,饭要吃、戏要谈、酒要喝,喝到酣处能激发出很多的创作灵感。在喝酒上,我量不如他、胆不如他、控制力更不如他。他不计较酒的价位高低,关键是看跟谁喝。记得一次在小饭馆吃饭,店主知道他是河南人就问:有张弓大曲,你喝不喝?他说拿来吧。最后店主说,前些年进了好多张弓大曲,因为当地人不太喜欢这个酒就放在店里一直没有卖出去。就这样我们每天排练完吃饭喝张弓谈戏说戏,最后把人家库存的张弓喝完。开始有剧团书记、主任陪着,最后就剩我一个人,到剧场排练就在包里装着张弓大曲,最后我也陪不住了,就在吃饭的时候给他倒酒!其实我一直在想:张平为

● 工作中的张平导演

何喝这么便宜的张弓大曲？相识几年后我才知道，那时候他喝的不是张弓，喝的是那份乡情，品的是那种味道！更是为了给剧团省钱，当时那一瓶只有8元钱！

张平导演对新疆一直很关注，因为新疆有豫剧，有乡音，有很多支边进疆的老河南人。他对新疆生产建设兵团的情感从2007年到现在越来越深，特别是河南省提出豫剧援疆以后，他立即率领主创班底到了新疆，排练了我的第二部剧《我的娘·我的根》。

第一次见张平就是在我现在工作的石河子。当时我在边境线上的第九师豫剧团，为石河子豫剧团创作了一个以最美乡村医生梅莲为原型的豫剧《天山雪莲》，也是这个戏搭桥，我从边境线上调到石河子文体局创研室。戏写出来后心里很恐慌，害怕在剧团通不过，害怕请来的大导演给小鞋穿。石河子豫剧团的领导对我说，我们这次要请河南的张平来当导演，他现在排出了《村官李天成》《程婴救孤》《蚂蜂庄的姑爷》，在河南火得不得了。听到他的名字我就激动不已，因为我早知道他的大名。我在河南安阳上学的时候他不仅主演了《闯世界的恋人》《归来的情哥》

等现代戏,成为我们这些在校生的楷模,而且当导演也出名,排出的《红果,红了》在电视里看是美轮美奂。当时我想,如果能与张平导演合作成功,将增强我从事戏剧创作的信心,一定要把握这个机会,跟他多学点东西。同时很多不安也聚积在心头:这位大名气的张平导演好不好合作?如果不好合作,我该怎么办?在这之前我也和一些导演合作过,大都是牛气冲天的,压根不把我这等小编剧放在眼里的!

7月2日,石河子豫剧团的领导给我打电话说,张导演要见你,我说让马秀佩老师(合作者)去吧!你必须来,张导演说就见你,就和你谈剧本!豫剧团的领导肯定地说。原本打算7月3日过了生日再去,因为团里一再催促,我于当天晚上坐了400多公里夜班车赶到石河子。

第二天一大早,在石河子宾馆我跟张平见了第一面。握手的第一印象是张导演太帅了,不做演员太可惜了,而且满口京腔,说话很有艺术。说实话我在新疆多少年,家里的人、身边朋友都说普通话,都"改良"过我,要求、强制过我说普通话,但乡音难改,我到现在也说不好普通话。那天我很少说话,和他交流的时候尽量想着把话说"普通"点,但后来说着说着他就说起河南话,我也跟着说河南话,这种乡音一下子拉近了我们的距离。

我俩从早上就关着门开始调整剧本,他有他的思路,我有我的想法,在沟通中有时会碰撞,有时也会突然思路中断半天不说话。他会引导我的思维,在探讨中不断地向我了解兵团的故事,无论是现在的还是以往的,他都感兴趣。他说:我不了解兵团,也没有时间去体验生活,文本这一块你必须把握好,要有新疆的、兵团的色彩和特性,让观众一看戏就知道这是新疆兵团的豫剧,有特点有个性。

当时我儿子还小,我们在讨论的时候他在一边看电视,后来不甘寂寞在房子里跑来跑去,张导看着我儿子笑着说:乖,给你钥匙,到我房子里去玩吧,别打搅我和你爸爸的工作,好不好?儿子被他哄得屁颠屁颠地跑到他的房子里看电视去了。

因为讨论过于投入,以至于该吃晚饭了还在剧情中不能跳出。儿子不时地跑过来提示我说该吃蛋糕了,原来他还惦记着我的生日。张平听到后放下剧本说:剧本讨论结束,晚上好好庆祝一下你的生日。儿子,走,咱们吃蛋糕去!直到今日,每提起张平,我儿子还是很佩服,常跟我说,河南的张平伯伯好,人帅气,说话好听,干事利索。

● 工作中的张平导演

那天晚上我们几乎通宵探讨《天山雪莲》的艺术风格和形式。他问我目前的豫剧声腔、纯汉族味道的戏在新疆的观众情况。我说目前豫剧在新疆有观众，舞台上也有创新，但一些有民族味和西域文化背景的戏糅合得不好，大都是两层皮，有了新观众，却又少了老观众。为此，他决定在《天山雪莲》的创作中做一些大胆尝试，为豫剧在新疆的发展增加一些经验。他说，我们要在歌舞和豫剧的融合上下功夫，将新疆歌舞与豫剧传统的程式相结合，把哈萨克族一些仪式中的舞蹈及冬不拉弹奏搬上舞台，将具有中亚风情的哈萨克音乐与中州豫剧音乐相结合，去讲述这个发生在今天、发生在兵团的故事。《天山雪莲》的排演成功，在某种程度上引领了那个阶段新疆兵团戏曲的发展，此后，很多剧目里出现歌舞与地方戏的融合。

《我的娘·我的根》写出来后派人回河南找导演，很多人认为新疆兵团向来都是悲壮艰苦的，戏也应该是有悲剧色彩的，这个戏没有那种大起大落的情节，他们不看好这个戏。最后我将剧本发给张平，他看完后问我：你是不是想用喜剧的手段来讲述一个悲情的故事？我顿时泪奔，知我者张平也！剧本创作的时候，我一直在

● 工作中的张平导演

想我不能和原来重复，因为在这之前我写的十余部戏都是那种苦了一辈子、哭了一辈子、悲了一辈子的老兵团人的老故事；今天退休的兵团人有吃有喝住着小楼享受着幸福，没事广场上转转跳跳唱唱也很乐观的，唯一不能放下的是心海里的那份乡愁。我也是少小离家，20多年在新疆，乡愁萦绕，我也没有天天悲苦个脸面对生活。我每次打电话的时候父母都很高兴，告诉我一切都好，这是一种亲情，更是一种相互传递的快乐和亲人间的关爱。张平知道我的出发点，再次审读剧本，第二天就给我打电话说：冲着写新疆老兵团的，写的是喜剧，这个戏我排。一句话给我吃了定心丸，然后我们又在电话里定了剧本的调整方案。他说：一个目的就是，用舞台喜剧手段，通过诙谐有趣的故事，来讲述老人们的生活境况，用"笑着看、含泪想"的效果，阐述老军垦人的社会主义核心价值观和他们对感情、归宿的追求，品味他们的真实与崇高。剧场效果证明，喜剧照样能反映悲剧的故事。这个戏在新疆演出十余场，在河南参加黄河杯并在郑州、许昌、汝州、济源等地巡演，深受欢迎。原来我最担心的就是外地观众看不懂新疆兵团的故事，但观众真的是看懂了，他们跟着主人公一起笑一起哭,一起回忆那如火如荼的岁月。

## 合作之中见真情

张平导演总能适时地抓住时代的脉搏,排出接地气的作品;排练中也能不断地挖掘编剧一度创作中的所有想法,激发编剧的想象力,包括剧本外的。我跟他学得最多的就是从剧本中看到剧本外,然后再从剧本外回到剧本中来讨论剧本。他在排练中教会我很多的戏剧常识和创新思维。我在他的激发下往往能写出最为心仪的东西。

《我的娘·我的根》到河南参加黄河戏剧节大赛并巡回演出时,我俩在一起半个月,时间久了,我们从不熟悉到相互了解,后来我竟也攀高枝叫他张平哥或张平兄,他对我也是弟弟长弟弟短地喊着。当时所到之处他被欢迎的场景、他的人格魅力、他处理事情的方式方法都深深地刻在我的脑海里,特别是他带出来的一些在河南很有名气、排过很多大戏、和我年龄差不多的弟子对他的敬仰和内心的尊重,让我折服,让我惭愧。是我身在新疆,不了解内地戏剧变化和张导在戏剧界的地位,在张导面前天天斗胆呼兄喊哥的,我在人家跟前无论年龄资历还是艺术成就,都应该是一学徒,应该拜人家为师。当我对他说出这份忐忑时,他笑着说:我们是编剧和导演,是一对合作者,你在新疆搞戏剧也不容易,应该受到尊重,你就是我的亲兄弟。每次回河南探亲路过郑州,我总不忘给他打个电话,如果他在郑州必然会见面小酌几杯。我俩好像心有灵犀,只要我想张平导演的时候他都会给我打电话,或我打电话的时候他都会说:弟弟,这几天我正想找你,接着就是聊戏或问新疆豫剧近期的活动情况。

张平导演对艺术的执着痴迷和对排练场的驾驭能力让我佩服,也让我这个小编剧经常想盯场排戏,以看他排戏为享受,这样一来是现场学习,二来是交流方便,许多修改工作就在排练场完成。

张平一直关注着新疆的豫剧。他不止一次地对我说李树建院长的话:新疆的豫剧要是死了、院团要是解散了,我们就是罪人。豫剧在全国的影响力大,离不开身在外地的豫剧人的默默奉献;如果说豫剧是一个人,那么在外地的院团就是豫剧的腿。不离不弃，勇于担当，拉住边疆豫剧往前走是河南豫剧院的责任。

《我的娘·我的根》排练期间，在张平的协调下，河南豫剧院给予了大力支持，派出了汤其河、李其祥两位艺术家加盟该剧的创作，让该剧获得了更高的艺术层次和好评。河南的巡演是张平跟李树建院长紧急磋商后定下的。当时我在吃饭的时候多了一句话，说这次来参加黄河戏剧节，演职员坐硬座回到河南，历尽千辛万苦就演一场戏是不是有点太可惜了？好不容易回娘家一次，怎么也得安排两场演出吧？张平听了后半天没有说话，后来就出去打了个电话，回来告诉我巡演的事情明天就定。第二天，李树建院长到了我们住的宾馆，二人现场办公，协调了驻马店、汝州、济源、洛阳等地，他们在电话里说新疆的豫剧人在那里坚守不容易，排一台大戏回来演出更不容易，一定要接待好。同时又调拨豫剧院的大巴车全程跟着演出。在河南演出期间，张平跟着剧组半个月，协调灯光音响及食宿安排，把自己当成了石河子豫剧团的一员。在洛阳演出时下了一天的雪，离开演还有两个小时，字幕机还没有到位，张平听说后赶紧打电话，得知剧团到下面的县里演出，字幕机全在那里，现在雪大没法往市里走。张平又赶紧跟洛阳豫剧院领导联系，说这是新疆来的剧团，好不容易来演一场，一定给予支持。字幕机终于在演出前到位。石河子市副市长乐旸说，河南豫剧院把石河子豫剧团当成了亲生儿子，给予了这么大的支持，最应该感谢的就是张平导演。张平说，支持新疆的豫剧发展是我的责任，要不要我这个豫剧院艺术发展部主任干啥。

张平对戏剧很敬畏，对创作团队很尊重，不像有的导演那么装，从气势上将编剧压制着，再把演员整晕了，然后才提出自己浑浑噩噩的观点，让编剧反反复复地去改。张平看完剧本一定会庖丁解牛般给你一个透彻的想法，条理非常清楚，从不伤及编剧、演员的自尊，不让演员白下功夫瞎搭时间。《我的娘·我的根》在河南演出期间，我俩天天在剧场观察观众的反应，将最突出的问题总结出来，然后逐字逐句地修改。比如最后一场的几句话，我跟他一见面就说，说完就问他满意不满意，他总是自己念几遍，这不行，那也不行，直到演出第四场这几句话才定下来："咱们兵团啥时候论过辈分？谁敢说恁俩我就骂他！谁敢说你们他就不了解咱这血水碱水里泡了一辈子的老兵团人！谁敢说你们就让他来兵团干十年，他才知道啥叫屯垦戍边，啥叫为国担当，啥叫献了青春献子孙献了子孙献终身！才知道谁是咱兵团人的娘,谁是咱兵团人的根!"

## 豫剧援疆路很长

新疆豫剧需要河南的关注。如果说豫剧是一个人的话,新疆与台湾的豫剧就是支撑这个人走得最远的两条腿。豫剧援疆是一条漫长的路,张平导演不是这条路上独行的人,他身后有中原大地、有河南豫剧院,他说振兴边疆豫剧是一种使命,今后,河南豫剧院不但要让新疆兵团的豫剧活起来,而且要活出滋味,活出光彩。

希望张导演有事没事常来新疆,我们看着天山的白雪,拥抱碧绿的草原,感受军垦文化,坐在哈萨克牧民的毡房里吃清炖羊肉、喝奶茶,然后少喝点酒,多聊会天,创作几部能在新疆扎根,占领主流文化阵地,有新疆兵团味道,引领戏曲发展的戏,让咱们的豫剧之花在新疆越开越艳!

# 有温度的记忆
## ——导演张平轶事

王明山

我是个底子不咋样的文化人,"文革"时期的高中毕业生,后来有了大专文凭,那也是为了生活需要糊弄来的。之所以也能写点东西,现在也混了个八八九九,除了爹娘给的一点天赋,加之老师同行的帮助和自个的努力之外,一个重要的前提就是记性好。两岁半到现在的大事小情,我都会记得清清楚楚,这样在生活积累、知识积累方面就有了一点优势。老婆说那是我爱吃鸡蛋的缘故,我反驳说,废话,小时候窝窝头豆渣馍都吃不饱,哪有鸡蛋?我就是天生的记性好。

如今,河南省文化厅做出了一个高瞻远瞩的、十分有意义的决定——启动"河南省艺术名家推介工程",总结一下人才的艺术成就,研讨一下人才的成功历程,更好地发挥人才的领军作用,张平这个有出息的人才自然榜上有名。要研究张平,虽说我是艺术研究院的院长,但研究方面我还极缺章法,只能从我和张平结识30年的岁月中拎出一些记忆,通过这些小事透出张平"由高原到高峰",创出"思想精深、艺术精湛、制作精良"的好作品之背后的点点滴滴,我自认为,这些点点滴滴都是有情感、有温度的。

## 一、上戏大家薛沫说:"这孩子有个性"

1984年秋季,郑州市办了一个为期一个半月的导演培训班,我被县文化局派来学习,当时28岁,是班上年龄最小的学生。开学两天后,又来了两位看上去比我还年轻的同学,一个是省曲剧团的谭静波,再一个就是豫剧三团的张平。这小子当时25岁,身材挺拔,五官排场,我一眼就认出了他,因为在《豆腐世家》(后更名《倔公公偏遇犟媳妇》)中他饰演的小三给我留下了深刻印象。

有一天上午,又轮到上海艺术学院薛沫教授带来的形体老师讲课,因为他讲第一节课时就"漏气"了,把"饥不择食"解释为"人有骨气,就是再饿也不选择不愿吃的食物",我们都有点看不起他。恰逢电视播出女排世界杯中国队对古巴队的小组循环赛,我就和张平还有郑州市实验团的张峰玉一块逃课看比赛了。比赛结果很可惜,决胜局古巴队连破中国队三个赛点赢了。回到二楼走道上,张平不顾一切地大声吆喝:"气死我了,我要跳楼——"惊动了上课的师生们,我真为这个"二蛋兄弟"担心,不料薛沫老师走上前来,摸住张平的头笑着说:"这孩子有个性,小伙子会成。"后来张平真考上了"上戏",成了薛教授的得意门生。

## 二、"五个大人一台戏,就数小平有出息"

1984年9月至1985年8月,我带着"郑州导演班"的结业证,接着去文化厅在省委党校办的"河南省编剧培训班"脱产学习一年。在校期间,我的同室好友韩尔德写了一部现代戏,叫《拾来的女婿》,省豫剧三团团长董新民老师看过后喜欢上了,来到我们的住室与尔德谈意见,并告诉尔德,三团已决定排这个戏,尔德兴奋不已,我替好友高兴之余还带着些许嫉妒。董新民说:"新理导演一个意见我支持,就是大胆使用张平,让他演男一号。"我心里一阵兴奋,乖乖,我那个小同学要出大彩了!

时隔不久,我接到尔德邀请,去河南人民剧院看《拾来的女婿》,售票口醒目处贴着一张海报,我看到编剧加了个董新民,剧情简介写得很别致:"五个大人、一个小孩演一台有意思的大戏……"这些我都不太关心,当我确认领衔主演是张平时,不知哪来的激动,和几个同学说:"这是我兄弟主演的,希望多多捧场!"

戏真好看!之前我看过多遍剧本,但演出还是把我深深吸引住了,"隔墙扔包袱""丈人发火""女婿赌气"等舞台细节我现在还记忆犹新,尤其是张平饰演的男一号女婿真是到位,一招一式,唱念做表,自然朴实,情感丰富,还充满农村青年那一股不服输的倔强。他的精湛演出赢得了观众阵阵掌声、疯狂呐喊和激动的眼泪。

后来又见了董新民,我饶有兴趣地提起这个戏,他不无自豪地说:"五个大人一台戏,就数小平有出息,这个戏奠定了这孩子今后台柱子的坚实基础。"

### 三、"不但是好演员,还会成为大导演"

有志者事竟成。1985 年,张平克服重重困难考上了上海戏剧学院导演系,在毕业后的不长时间里,我又看到了他导演兼主演的大型现代戏《归来的情哥》,他和陈淑敏真可谓绝配的帅哥淑女,把这个很有时代意义的现代戏演绎得美轮美奂,感人肺腑。我和姚金成老师议论起来,金成非常自信地说:"你看吧,张平不但是好演员,他还会成为大导演!"我由衷赞同他的观点。

后来,张平排了很多戏,如《红果,红了》(合作)、《市井人生》、《蚂蜂庄的姑爷》等等,每部戏都显现出他的创作特点,每部戏都有新的招数。接着,青年剧作家陈涌泉改编的《程婴救孤》交到了张平手上,张平凭着敢于挑战经典的冒险精神,认真地做足功课,和作者、主演一道把这个戏推向了高峰,一举获得全国艺术大奖第一名。当他获奖归来受到领导和观众盛情迎接时,我看到了脖子上戴着花环的他眼神中饱含着复杂情感的泪花。是啊,这个第一名的背后,他和他的伙伴们经受了多少酸甜苦辣,还有多少咸哪!我知道咸是汗水和眼泪的滋味……

### 四、"咱弟兄们合作一把"

在取得很多成就、获得诸多荣誉之后,张平用作品说话,真成了大导演。北京、浙江、山东、上海、河北、山西等地方都请他排戏,忙得不亦乐乎,这个忙也包括忙着领奖。后来,他对我说过多次:"啥时咱弟兄们也合作一把。"我当然求之不得。

● 婺剧《赤壁周郎》剧照

到了2011年,郑州市纪委让我创作了剧本《清风茶社》,那是根据市纪委在纪检工作方面的一个创新举措——办茶社,话清廉,预防干部犯罪的实际工作而创作的生活正剧。时任老艺术家协会副会长的刘敏言担任艺术总监,他十分负责,信心十足,坚决要把这个戏排得像模像样,力争成为精品。他打电话给正在天津排戏的张平,不容分说,让张平接受这个任务。由于刘敏言退休前曾是文化厅艺术处处长,用张平的话说,自己的成长也深得刘老师的用心培养和支持,老人家有资格强行要求张平。这样,我们开始了合作。先是在一起谈他对剧本的看法,接着认真讨论,研究出剧本修改方案。这小子还真有一套,他从剧本场次结构方面提出了进行较大调整的意见,我经过苦思冥想,本着"不理解也暂时执行"的创作习惯,按他的意思进行了修改,实践证明他这个意见是对的。我们也有争论的时候,有时候吵得不亦乐乎,在争论中求得最终答案。

我们的合作是愉快的,尤其是他的认真精神让我和伙伴们都很感动。大雪天气,剧团封闭在远离市里的公安干校院内,新婚不久的张平把爱妻丢在家里,一连

● 豫剧《程婴救孤》剧照

一个多月不回家。排戏采取 AB 角轮流排演，就是说每场戏都要认真排两遍，演员是 AB 两组，可导演就他一人啊，劳动强度可想而知。这小子身体好，精神足，生活上也好打发，饭菜不讲究，每天只要有二两酒暖胃就足矣。另外，性格乐观随和，与演员们处得很好，更重要的是他的人品和才华得到了演职员的认可，所以排戏进行得异常顺利。

　　一个月后，《清风茶社》的彩排在郑州艺术宫如期进行，后接连内部演出了五场，市纪委分别安排了五个由社会各行各业人士参加的座谈会，他们对该戏的编排成功给予了高度评价，也提出了一些建议。我们又根据领导和观众的意见进行了认真修改，到 2011 年 6 月正式演出，受到省纪委尹晋华书记，市纪委王璋书记，市委常委、宣传部长丁世显等领导同志和广大观众的充分肯定和好评。

　　《清风茶社》已经演出了 200 多场，如今已是郑州豫剧院的保留剧目，"喝茶歌""妻子歌""见哥哥忧愁满面"等唱段也已广泛流传，还经常应浙江、山西、湖南、湖北等地的邀请进行演出，可谓"两个效益"双丰收。大家都评价说，这个戏不仅仅是廉政教育的好素材,更是情感浓郁、好听好看的现实题材的艺术品。你想,导演是个性情中人,戏怎么会没情嘞?导演是多次艺术大奖的得主,戏能不艺术吗?

## 五、"以后还得弄事儿"

由于各种原因,《清风茶社》虽然演出很受欢迎,也得了省、市"五个一工程"奖,但走得并不算远,给我们留下了遗憾。每提及这事儿,我们兄弟俩都会感慨一番。张平说:"哥们儿,不能这样到底,以后还得弄事儿。"

是的,张平接着"弄了不少事儿""弄了不少大事儿"——《王屋山下的女人》风姿绰约,《魏敬夫人》大气端庄,《陈蕃》浩气凛然,《兰考往事·焦裕禄》感人至深,《全家福》让人震撼……

希望张平这个有思想、有理想、有抱负、有水平、有能力的兄弟接着干出更多更大的有深度、有温度的"事儿"来,我想那是一定的。

# 为张平点赞

王善朴　杨华瑞

张平是河南豫剧院三团的孩子,也是我们看着长大的孩子。他从小乖巧机灵,三团的人都喜欢他。我们目睹他从小走上舞台,慢慢成为台柱子,正是演戏的好时候他又华丽转身成为导演,排出了很多精彩的剧目。在我们眼里,张平就是三团种下的一粒豫剧的种子,我们见证着他发芽、长大、开花、结果,直到今天名扬全国。

## 为孝顺孩子点赞

50年代末,河南豫剧院青年男女演职员成婚生子的有十几对儿,其中一团的演员高玉秋(常香玉的第一批学生)和埋头工作不善言谈的三团舞美设计张学勇迎来了他们爱情的结晶——可爱的男宝宝张平。这孩子一对儿会说话的大眼,端端正正的五官,和豫剧院的伯伯叔叔阿姨们有天生的亲近感,谁要抱他,他总是小嘴儿一咧微笑着伸出双手投入怀抱。长到一两岁时逗他翻跟头,他就躺在地下乖乖地打个滚儿;让他打敌人,他就勾起小手学打枪,嘴里还发出"啪啪"的声音,怎

● 生活中的张平

不叫人爱他疼他喜欢他！50年代的豫剧院演职员不辞辛劳地献身于戏曲事业，他们的孩子在娘胎里就听着二八慢板流水，和着唱念做打的四功、手眼身法步的五法和母亲同歌共舞，出生后婴儿睡的摇篮是戏箱盖儿，催眠曲是锣鼓琴声，以此大院儿为家幸福安康。小张平一家的幸福生活更是令人羡仰。

就在张平未到入学年龄之时，父亲张学勇却身患重病英年早逝，撇下了7岁的爱子张平和4岁的幼女张媛，高玉秋悲痛得如同天塌屋倒，面对年幼的一对子女，一个年轻的普通女演员怎样撑起这个家啊！所幸豫剧院的领导同志关怀备至，党的关怀，让这位年轻的母亲坚强地挺过来了。屋漏偏逢连夜雨，"文革"风暴袭来，剧团演出停滞，尚在上小学的张平再不能那样无忧无虑了，他要为自己找活计来减轻母亲的负担，用自己的肩膀扛起家，为母亲解忧送暖。当时京剧样板戏很红火，11岁的张平偷偷地去郑州市京剧团应考。从豫剧院大院儿走出去的小孩儿张平有着先辈的优秀基因，大胆应考顺利通过，经半年的试用，就在1971年，12岁的少年张平成为京剧团一名正式演员。他不怎么会唱京剧，在京剧团里勤学苦练，从不放过任何学习的机会,只要是团里交给的任务,无论是台前幕后都任劳任怨去完成。所挣的微薄工资,除了留够自己的生活费,剩余的全部交给母亲贴补家用。年轻的寡母高玉秋在少年儿子的支撑下,和孩子一起成长成熟。我们为少年孝子张平点赞!

## 为好演员点赞

"文革"之后,郑州市京剧团被取消。"文革"中解体的河南省豫剧院三团在中宣部和河南省委省政府领导的关怀下得以恢复。组织上召回了下放农场数年的原三团团长王善朴,在他的主持下,三团恢复了演出。刚刚恢复的三团急需人才,从张平母亲高玉秋处得知郑州市京剧团被取消的信息,剧团领导班子真心希望也非常欢迎张平回三团、回自己的家。当时,三团的人事关系由省委宣传部管,老部长们对在"文革"时期遭解体的三团很同情很支持,所以张平的组织关系很顺利地就从京剧团转到了河南省豫剧三团,从此张平的艺术人生经历了新的变化。

此时刚恢复的三团百业待兴,主持工作的王善朴积劳成疾突发心脑疾病,好几个戏的角色需要补充调整。韩玉生等同志分别成功地演出了《朝阳沟》中的拴保、《小二黑结婚》中的小二黑、《五姑娘》中的徐阿天等角色。刚调回来的张平有很多的不适应,首先是剧种、唱腔、剧目。从京剧改演豫剧必须要有一个大的转变和跨越。但他聪明灵气,勤奋好学,别人演出他看戏,别人闲了他练功,跟老同志学,跟舞台学,跟剧本学。后来,他未经细排就接演了《朝阳沟》中的拴保这个角色,他和当年银环的扮演者魏云年龄相差悬殊,但同台演出也不显张平的稚嫩,唱腔还颇有王善朴的韵味。《小二黑结婚》一剧他又接演了小二黑的角色,和大他20多岁的小芹扮演者柳兰芳搭档出演。张平不负众望,动作自然,不生搬硬套,不僵化。《五姑娘》一剧中他接演了赌棍、饿狼似的三相公,毫无临时补位的生疏,比较准确地刻画了这一舞台形象。张平尊敬师长,把三团的老演职员当自己的父母,逢年过节他都会到老师们家里坐坐看看问问,多少年都是这样,有时出远门长时间不见也会打电话问候。

张平有着三团的精神血脉,从生活出发,善演现代戏,围绕内心体验和外部表现相结合的创作原则,在多个剧目中独自担当主要和重要角色。他主演过《爱情的审判》《民警家的贼》《倔公公偏遇犟媳妇》《拾来的女婿》《人的质量》《阿混新传》等。张平的戏路宽,表演唱腔细腻,有自己对角色的理解。他从不计较角色大小,不管安排什么任务,都能保质保量完成。有时他上午演《朝阳沟》的拴保,下午演《小二黑结婚》的反面角色金旺,晚上演《五姑娘》中的三相公。第二天,又给观众展示了《邻居》中一个知识分子的形象。从京剧的武戏演员到唱做兼备的豫剧小生、三团的顶梁柱,张平的成功不是偶然的,鲜花、掌声的背后是默默的付出、加码的排练。这期间,他不知克服了多少困难,汗水不知浸透了多少水衣,练功鞋不知磨破了多少双。我们为他这个称职的演员点赞!

## 为他是个好导演点赞

张平是当今戏曲舞台的一线导演。他排出了很多的精品力作,足迹遍布全国各地,为河南戏曲舞台争得了光彩。但从光彩四溢的台柱子转到导演专业,也不知他的内心经历过多少矛盾,下了多大的决心才能决定呀!

张平并不满足于做演员给他带来的诸多荣誉和掌声。他求知若渴,目光深远,他看到了戏曲导演的断层和需求。1985年,张平考入上海戏剧学院导演系大专班,三年的校园生活和戏剧理论知识的补充,让他的眼里有了全国的舞台和全国的剧种、世界的舞台和世界的戏剧表演体系。他有武戏的功夫,他有在三团艺术园林的工作实践,他有锐意进取的勇气。回到三团后,他首排的古装戏《西门风月》引起文艺界的关注和争议。1994年,他和卢昂合作在三团导演了《红果,红了》。该剧虚实结合,载歌载舞,既有新的戏剧理念的体现,又不失三团的风格,这是具有另一种味道的新样式。该剧1995年获文化部"文华"新剧目奖第一名和导演、音乐、舞美、灯光、演员等21项"文华"单项奖。张平1997年执导的《蚂蜂庄的姑爷》获中宣部"五个一工程"奖。他应邀为省内外兄弟剧团导演的剧目均获得中宣部或省市的奖项。

2000年,张平调入河南省豫剧二团任业务副团长。《程婴救孤》是张平调到二团后的大作。该剧由剧作家陈涌泉根据《赵氏孤儿》改编,李树建(现河南豫剧院院

● 豫剧《朝阳沟》剧照

长)主演,总导演黄在敏是张平的老师。作为导演,张平与黄导演及演职员精诚合作排出了这部忠爱善美的大作,主要演员李树建声腔到位表演精彩。这部戏是古代经典悲剧与现代人的审美取向的结合,它是唯美的,它把豫剧推向了世界。张平也应邀走出国门,2013年在英国政府资助、利兹大学承办的国际学术研讨会上,他发表精彩演讲并获得了广泛的欢迎和好评。《村官李天成》《兰考往事·焦裕禄》更是充溢着正能量、反映时代精神的力作。张平拥有扎实的戏曲功力,他了解到李天成的扮演者贾文龙同样有武戏功夫,就运用上了拉车舞;《兰考往事·焦裕禄》剧中治沙抗灾的场景同样是那样的载歌载舞,赢得观众的掌声喝彩加油,弥补了三团老一辈演员们缺失戏剧武功动作的不足。他学有所成、学有所用,被河南省文化厅推介为名家之一那是当之无愧。为豫剧院出彩的导演点个赞!

孜孜追求,永不停步。张平的排练场不仅下移到河南的各个地市县,也慢慢外延到全国各地,排出了京剧《项羽》、婺剧《赤壁周郎》、姚剧《母亲》等,他还到新疆

● 京剧《项羽》剧照

排戏，支持新疆的豫剧发展。永不满足的张平2009年考入南京大学艺术学理论专业学习，2011年获得艺术学硕士学位。他的艺术欣赏水准不断提高，导演艺术水平也达到了更高的层次。

　　成绩代表着过去，鼓励是一种鞭策，未来的路更长。期盼今后张平有更好的作品展现。而今他又出任河南省豫剧院艺术发展部的主任，这曾经是杨兰春老先生主持的部门。老先生在任的时候，创作了《朝阳沟》等很多经典名剧，希望张平能站在先生的肩膀上，不懈怠，求上进，承上启下，辐射全国，把河南省豫剧院的敬业精神融入时代发展的节奏里，把自己的奋进勇气沉淀到戏曲肥沃的土壤，排出更多反映人民生活和社会主义核心价值观的好戏，推出更多的豫剧新秀，为戏曲事业的发展做更大的贡献。

# "难兄难弟"说张平

姚金成

一

在河南戏剧新世纪崛起的一线方阵中,导演张平是一员战绩显赫、名传遐迩的大将。他担任导演的豫剧《程婴救孤》《村官李天成》《兰考往事·焦裕禄》《魏敬夫人》等剧目,都以独特的舞台样式、深厚的文化内涵和强烈的艺术感染力,引起全国戏剧界和观众的广泛关注,不但获得一系列全国性的荣誉和奖项,而且不断创造出豫剧史上的新篇章,成为豫剧的新经典,为河南戏剧文化赢得了荣誉和尊严。

我和张平1985年相识,近30年里,至少合作了11部戏,我最作难的几部"攻关"戏多数都是和张平合作的。因为这个缘故,我们常自嘲是"难兄难弟"。转眼"难兄"老矣,"难弟"也不再年轻,回味"艰难历程"更觉得兄弟情深,感慨良多。

我不止一次听到有朋友说到张平的缺点和毛病,他们说的或许没错,这家伙的毛病不少——比如高调张扬,说话冲,脾气大,管前不顾后等等,但我心里还是依然故我地喜欢他、欣赏他、信任他。说是"意气相投"也好,说是"臭味相投"也罢,

● 现代戏《归来的情哥》，张平饰演郭秋富

反正真正的好哥们儿就是这么回事。

我们是上海戏剧学院的校友，我是编剧进修班，他是导演专修班。1988年河南省豫剧三团排演我的第一个现代戏《归来的情哥》（导演陈新理），张平就是男主角兼导演助理，这是我们的第一次合作，也是他从上海戏剧学院导演系毕业后第一次在河南省豫剧三团涉足导演工作。张平算是典型的梨园弟子。母亲高玉秋是常香玉大师的弟子、香玉剧社的青年台柱，他的襁褓时期就是在戏台上的梆子声和母亲、阿姨、奶奶等艺术家们的怀抱中度过的。幼年时的张平，跟随父母一起奔波各地。从牙牙学语，他就目睹了阎立品、吴碧波、王素君、高洁、马琳等众多戏曲名家的演出。如果现在时兴的"胎教"和"早教"真有科学依据的话，那么简直可以说张平就是豫剧的美妙旋律和铿锵锣鼓孕育滋养的宁馨儿。

1971年，他考入郑州市京剧团。三年学员生活系统严格的训练，传统优秀剧目的大量研习，给张平打下了深厚的专业基础，被列为郑州市京剧团的"五虎上将"。随着"文革"后戏曲艺术恢复性的大繁荣，他调入了全国现代戏的红旗团——河南

● 现代戏《蚂蜂庄的姑爷》剧照

● 现代戏《蚂蜂庄的姑爷》剧照

省豫剧三团。这是一次艰难而富有深意的转型。他渐渐懂得了斯坦尼斯拉夫斯基的表演体系，领悟了三团的艺术风格，迅速适应并融入了这个集体，成为三团的一线当家小生。

如果说上海戏剧学院三年的深造开阔了他的艺术视野，奠定了他的理论基础，那么京剧演员的出身、三团现代戏创作风格的传承和多年舞台演出的历练，则成为他艺术创作的深厚根基和丰富资源，共同铸就了他后来导演作品的艺术风格及走向。

## 二

张平对舞台艺术的敏感和悟性似乎是一种天赋。他曾演过我两个戏（《归来的情哥》《闯世界的恋人》）的男主角，表演上都是可圈可点，感人至深。他当导演时霸气十足，激情四溢，如同指挥若定的将军。尤其他为演员做示范时，几乎文武昆乱不挡，学什么像什么，能让演员豁然开朗，显示出"张氏导演"的特点。

他30岁出头就当上了三团业务副团长。上台头一个戏，就和陈新理老师一块儿策划约请我和韩尔德"触禁淘金"——以"都市戏剧"为目标，改编名著《金瓶梅》，这个戏一下子弄出了海内外的大新闻。接下来是排练《红果，红了》和《蚂蜂庄的姑爷》。值得注意的是他的导演风格，已经开始有意识地走出了"朝阳沟模式"。既很好地传达出了三团注重内心体验、表演生活化的特点，又进一步融入了新的戏剧观念，注重现代艺术手段的借鉴和舞台空间的运用，样式感更强，演员表演也更加注重戏曲程式的化用和诗意的韵律化呈现。《红果，红了》和《蚂蜂庄的姑爷》两剧获得了多项全国奖，改变了三团剧目生产上一度低迷的局面。他也作为青年导演受到了全国戏剧界的注意。1995年他被评为全国文化系统先进工作者，1997年被中国文联授予全国百名杰出青年文艺家称号。

张平是个个性张扬的人，说话不拐弯，不怕得罪人。加之少年得志，更加意气风发，挥斥方遒，几年间一路冲锋，侧目者日多。此时又遭遇第一次的婚姻失败，新来的恋爱令不少人看不惯，一时物议纷纷。1999年，他一下子跌入命运的低谷：作为党员干部"三讲"不过关，曾经的春风得意瞬间变得众叛亲离，曾经的忙忙碌碌

● 1995年出席文化部全国文化系统先进工作者表彰大会

突然变成了无所事事的冷落和清闲。

这一次挫折对张平是一次极好的人生课程,也清晰地划分出了他人生和事业的两个大阶段。这一年他刚好40岁,如果说此前是他有点青涩、有点莽撞的"闯路"期,那么后来的岁月就是他越来越稳健成熟、渐趋佳境的"创造"期。

## 三

2000年6月,张平调入河南省豫剧二团担任业务副团长。经过人生顿挫后一年多的沉淀和反思,他虽然看起来性格依旧,但精神状态已然发生了深刻的变化。

2001年8月底,我们俩又被绑到了同一辆"战车"上——以某英模人物为原型创作真人真事题材的政治任务戏《村官》(即后来的《村官李天成》),我领衔编剧,他领衔导演。这是个令人望而生畏的"硬骨头":真人真事,不能乱编,爱情、权谋、灾难、生死离别这些情节基本都不能写;但艺术上却要"三性"(思想性、艺术性、观

● 现代戏《村官李天成》剧照

赏性)俱佳,要大气磅礴、真实感人,如此等等。省委领导空前的重视和时间的紧迫更增加了创作人员的压力。我和张平,还有合作者张芳、韩尔德关在宾馆里苦思冥想、左冲右突,力图在有限的空间里找到一条可行的路径。最后剧稿从我手里出来的时候,发现六场戏竟然三场戏都是在开会。老实说,写的时候我心里也嘀咕过,将来舞台上到底会是什么样子,能不能灵动起来、能不能有情有趣,我心里也没底。舞台上怎么玩,只能看导演的了。

没想到戏在舞台上排练的时候,人物活灵活现,冲突起伏跌宕,特别是高潮戏如浪决堤,激情奔涌。张平在这里充分显示出了三团艺术创作传统赋予他的刻画人物、驾驭场面、营造高潮、引爆激情的深厚功力。三次开会三场好戏,反而成为了这个戏的特点。

对剧本的准确判断和深度介入是张平导演工作的一个重要特点。剧本不过关,他绝不轻易放过;剧本有亮点,他会激动地给我打电话叫好;剧本不满意,为想点子出主意他甚至夜不能寐。当然,我对他的导演处理,也常常说三道四。我们是

● 现代戏《村官李天成》剧照

拍桌子吵架都吵不翻的好哥们儿。不管是这次搞《村官李天成》,还是后来搞《兰考往事·焦裕禄》《轩辕大帝》《魏敬夫人》,因为排练时间都赶在春节前后的点上,我们都是大年初一还在电话上反复讨论剧本排演稿的修改。因此,我们的合作,剧本的成就和舞台的成就常常融为一体。实事求是地说,尽管他没有写剧本,但每个剧本的成就都应该有他一份功劳——当然,剧本的成功托起了他舞台导演的辉煌,也算是对他作为导演的丰厚回报。我觉得,这应该是一种比较理想的编剧、导演合作模式。

《村官李天成》以独特的艺术突破吸引了全国戏剧界的目光。它颠覆了以往此类真人真事题材的创作模式,把时代精神与人性视觉融为一体,以"困境"激发人物的感情升华和思想跨越,以喜剧性的人物转变贯穿于大起大落的戏剧冲突,在真切的感情抒发中闪现思想和人格的光芒,剧场效果十分强烈。在这部作品中,张平有意识强化了他对现代戏新的思考和追求,就是将演员真实的内心体验和丰富的外部表现手段紧密结合,努力将写实的生活化的表演和写意的虚拟化的程式相

● 豫剧《程婴救孤》排练现场

结合。特别是剧中李天成的那段"拉车舞",就是对蹉步、劈叉、吊毛等戏曲传统程式技巧的巧妙运用,被大家公认为是现代戏戏曲化探索的成功典范。该剧自2002年搬上舞台以来,五进北京,两进上海,演遍河南城乡,享誉大江南北,戏剧界专家称赞它是"新时期的《朝阳沟》"、"中原文化崛起的先锋"、新世纪以来中国戏曲现代戏的优秀代表作之一。

几乎与此同时,他另一部最重要的作品豫剧《程婴救孤》克服重重困难,也在河南省豫剧二团推出。豫剧《程婴救孤》不仅使这一历史名剧焕发出新的时代光彩,也为传统经典的现代改编做出了有益的探索。该剧不仅荣膺文化部第十一届文华大奖第一名、第七届中国艺术节观众最喜爱的剧目第一名、国家舞台艺术精品工程十大精品剧目榜首等多项殊荣,而且先后登上意大利、法国、美国百老汇等国际戏剧舞台,成为中原文化走向世界的一张耀眼名片。

● 越剧《画皮》剧照

## 四

　　《程婴救孤》和《村官李天成》两剧打响之后，张平开始跻身于全国名导的行列。随着艺术的成熟和名声的扩大，张平先后应邀参加了全国众多剧种艺术院团的创作，如越剧《画皮》、姚剧《母亲》、婺剧《赤壁周郎》、京剧《孔雀东南飞》《项羽》、评剧《长霞》、豫剧《悠悠我心》《清风茶社》《轩辕大帝》《王屋山下的女人》等等。在我的感觉中，从 2007 年我们合作婺剧《赤壁周郎》开始，特别是考入南京大学戏剧专业深造并获得艺术学硕士学位后，他对剧本的理解和阐释更为深入，眼界更为开阔，对不同题材作品风格独特性和样式感的追求更为自觉执着，想象力和创作力也更为丰富。即使像我这样熟悉得不能再熟悉的合作伙伴，他也经常会给你意料外的惊喜。这一点在排演豫剧《魏敬夫人》时体现得特别突出。

　　豫剧《魏敬夫人》讲述的是唐高宗时期，中原光州将军陈老夫人魏敬与儿子陈政（陈元光之父）率领五十八姓府兵到闽南平叛并传播中原文化的故事，着力塑造

● 新编历史剧《魏敬夫人》剧照

了一位有勇有谋、仁爱宽厚的女政治家形象。为更好地展示中原文明播迁的悲壮史诗和主人公博大仁爱的情怀，张平以简约的手段，把宏大的历史叙事和戏剧情境相融合，大大扩充了舞台叙事的功能，使全剧显示出一种深沉恢宏的历史画卷感。

岁月不居，转眼间张平已过"知天命"的年龄，但张平永远像个二十多岁的大男孩，个性依然张扬、高调，热情奔放，口无遮拦。排练场上精力充沛，吆喝比划，好像从来不知道累。活赶紧时一天能从早到晚连赶三响，晚上下工还不耽误喝酒玩到后半夜。他思路活跃，不断有新想法冒出来；能不断地否定自己，就在这不断的自我否定中戏才渐入佳境，放出光彩。

因此，张平的学习力、创造力并没有定型、凝滞，他的导演风格还在发育形成中，他还怀揣着梦想走在成长的路上。

张平经常给我鼓劲："哥好好保重身体！咱还要出好戏、干大事！……"

我则远没有他那么斗志昂扬。我对他的希望是三句话：少喝点酒，学学养生，

● 新编历史剧《魏敬夫人》剧照

好好排戏——不过看他那劲头,第三句话要做到大概问题不大,头两句话恐怕还是说也白说。

# 推杯换盏识张平

方可杰

张平是我的小老弟。我们不仅是艺术上合作默契的哥们,而且在他荣升河南豫剧院艺术总监、艺术发展部主任之前,我们有缘在河南省艺术研究院共事六年。所以,无论对生活中的张平,还是艺术中的张平,我都有所认知,有所感受。

张平是性情中人,激情四射,活力无限,身上似乎永远散发着年轻人才有的活力。这种与生俱来的性格特质,借助中国最具诗意的饮品——酒,更是挥洒开来,淋漓尽致地传递出一个性情导演的襟怀和境界。这里,我就自己和张平合作的感受,说说我所认识的张平。

## 一、善合作的张平

中国的戏曲舞台,经历了"以演员为中心"到"以导演为中心"的巨大转变。如今,无论是话剧还是戏曲,导演都是当之无愧的核心人物。不但音乐、舞美、灯光、服装、化妆的构思都要根据导演的意图去创作,就是被人们称为"一剧之本"的剧本,在进入排练阶段后,也要根据导演的意图去修改、调整。导演在一个剧目生产中的权力可谓大矣。

但是,从戏曲艺术不同专业的高度综合特性来看,一个成熟导演艺术家,绝不会是一个"集权主义者",绝不会把自己的意图强加给其他创作人员。如果达不到认识上的一致,主创人员之间龃龉丛生,很难创作出优秀的艺术作品。

作为导演的张平是聪明的,他非常善于发挥"以酒会友"的爱好和特长。在一个戏处于案头工作期间,他经常分门别类邀请主创人员喝酒谈戏。酒桌上,小酒一喝,微醺犹醒,他就兴奋起来了,挥洒起来了,"疯"起来了。这种癫狂状态,自然而然会感染和激发其他合作者,艺术探讨就在这种情暖意浓的氛围中热烈地展开了。轻松的氛围,兄弟般的亲切,觥筹交错的赤诚,让合作者倍感愉悦,艺术共识就在张平的"哥们"情谊中即兴达成。张平最爱对剧组主创说的一句话就是:发挥你的才能,显示你的个性,希望咱们在这个戏中的合作愉快。合作中的张平是谦逊的、真诚的、投入的。这是导演张平身上的一个鲜亮闪光点。

## 二、重传承的张平

当前,随着传媒的发展,艺术交流日趋频繁,主创人员也日益资源"共享化",地方戏剧"同质化"的趋向越来越明显。如何使具有独特审美价值的戏曲传统在当代艺术生产中得到科学的传承,作为剧目生产的总指挥——导演可以说至关重要。张平出身戏剧世家,母亲是香玉剧社的高才生、常香玉的大弟子高玉秋。张平从小就是看着戏长大的,后学京剧,经过了严格规范的科班训练,他成长于戏曲舞台,实践于戏曲舞台,发展于戏曲舞台,成就于戏曲舞台。张平对于戏曲传统是熟悉的,是尊重的。即使是长期在专门演出现代戏的河南省豫剧三团工作,他也非常注重对戏曲传统的发扬和传承。综观张平排的现代戏,大家会发现一个突出的特点就是"戏曲化"。如豫剧《村官李天成》中的"拉车舞",《兰考往事·焦裕禄》中群众栽树浇水的群体性劳动场面、抗洪排险的群体舞蹈以及焦裕禄病痛时的翻扑、吊毛、劈叉等,都是戏曲传统在现代戏中的创造性运用。如此"主旋律"的戏,能排得如此有戏曲的韵味,从中可窥见张平对传统强烈的传承意识。

● 现代戏《兰考往事·焦裕禄》剧照

    张平对地方戏音乐的运用，有着独具的敏感。记得豫剧《程婴救孤》的开幕曲，他建议以板鼓的单鼓条独奏引出主题音乐。这一独具戏曲音乐特色的手法，起到了直击人心的艺术效果，回味无穷。可以说，没有戏曲艺术的长期积淀与思考，这一独具匠心的手法运用是难以想象出来的。

    张平对传统的传承，还体现在他排练上的身体力行。他给演员排戏，不光"动嘴"说戏，更可贵的是"做戏""表戏"，无论生旦净丑，他示范起来都那么"像回事"，一举一动都充满了传统戏曲的韵律与美感。张平20世纪80年代曾去上海戏剧学院深造，进入新世纪后又考入南京大学艺术学理论专业攻读硕士学位，眼界开阔，素养不低，"玩花样"也是有资本的。正因为此，他对传统的尊重和传承更显难能可贵。

### 三、求发展的张平

    虽然已经取得了非常令人羡慕的成就，但作为一名仍然算得上年轻的导演，

● 现代剧《村官李天成》剧照

张平一直在与时代同步的互动中，苦苦追求，在努力突破自己，也在不断探寻戏曲舞台的新样式，体现出意气风发的劲头和姿态。这种探寻和突破的成果，主要体现在他新近导演的《魏敬夫人》和《轩辕大帝》等剧中。在新编历史故事剧《魏敬夫人》中，导演对舞台空间的掌控可谓游刃有余，场与场之间转换流畅自然，场面氛围的热与冷、动与静、紧与松，协调舒服，有机自然，尤其是整个舞台呈现体现出导演向简约回归的清醒意识和对舞台样式感的明确追求。同时，导演把人物塑造放在核心地位的追求亦很鲜明。开场和最后一场，舞台上只有一个主角、一把椅子，在灯光营造的氛围与情境中，着力塑造人物的内心世界。这种以静制动的方法，也体现了导演匠心独具。

对不同的剧目风格样式的探寻，其实是一个非常艰苦的思考过程。当这种探寻和思考暂时跌入凝滞的状态时，排练场上那个风风火火、高腔大调、"上蹿下跳"的张平就显得格外安静，沉默不语，眉头紧皱，甚至喝点闷酒。当他有了感觉后，马上又会拍案叫绝，激情澎湃。我们在合作新编古装戏《轩辕大帝》时，张平别具匠心地以特别的舞蹈和特定的乐器来营造上古时代的氛围、风俗和生活环境。我们在探讨过程中,他问我,这个戏的舞蹈音乐能不能只用打击乐和骨笛。在他的启发下,我采用了瓦盆、鹅卵石、缶等"另类"的打击乐敲击声,一试,完全是他想要的感觉和音响色彩。他一下子又兴奋起来,把我拉到一边:"今晚排完第二场喝酒啊!"说是喝酒,其实是借酒抒发心中的快慰,借酒激发创作的灵感,借酒表达艺术家的癫疯!酒于张平,有着不一样的意义。

这就是张平,一个见情见性,豁达开朗,有责任心,有合作意识的导演。这些年,张平在全国各地奔跑排戏,无论是京剧、评剧、越剧、秦腔、晋剧、黄梅戏等等,所到之处,都给大家留下深刻的印象。我想,那么多剧团请他排戏,除了他专业的技术外,还有重要的一点就是他的人缘,这"人缘"包括他的责任心、他的合作态度,还有他"以酒会友"的坦诚和真诚……

期待和张平老弟再次合作的机会,怀念和他在一起推杯换盏的赤诚相见……

# 点燃情感爆破的导火索

冉常建

新世纪以来，河南豫剧院掀起一场具有广泛影响的创作高潮，可谓好戏不断，佳作连连，诸如《程婴救孤》《村官李天成》《兰考往事·焦裕禄》《魏敬夫人》等等。在这一连串优秀剧目的背后，凝聚着编导表音美等集体创作的智慧和心血，贯串着一个导演的名字——张平。近十多年来，张平导演的作品涉及豫剧、评剧、京剧、秦腔、晋剧、婺剧等多个剧种，创造了众多独具特色的舞台演出样式和鲜明的人物形象，如程婴、李天成、焦裕禄等，先后荣获国家文华大奖、国家十大精品剧目和中宣部"五个一工程"优秀戏曲剧目等国家级或省部级奖项，为戏曲艺术的继承和发展做出了卓越的贡献。

在戏曲导演创作中，张平努力继承和保留传统戏曲的精华，关注当代观众的审美需要，追求传统戏曲与当代观众思想感情的结合。他在戏曲剧种审美特性的基础上推陈出新，使他导演的剧目体现出强烈的时代色彩。例如，改编自元杂剧《赵氏孤儿》的豫剧《程婴救孤》，在保留传统戏曲中程婴"忠义"的道德品格和牺牲精神的同时，深层次地挖掘蕴藏在人物内心深处的人性内涵，塑造了程婴这个将

● 工作中的张平

民族精神、人格力量、理性光辉融为一体的人物形象。"屠岸贾搜查太平庄"是一场惊心动魄的高潮戏。如果按照原有的故事情节发展，这场戏的重点应是程婴拷打公孙杵臼，刻意制造情节悬念的紧张性。但编导在这里并没有满足于情节悬念的营造，而是将表现的重心放在了公孙杵臼和程婴的孩子被杀死之后，浓墨重彩地抒发了程婴的丧子之痛和对战友死亡的悲痛之情。屠岸贾摔死婴儿，众武士刺死公孙杵臼，剧情的发展如疾风骤雨，一场血雨腥风的厮杀瞬间结束。随着屠岸贾等人的隐下，舞台上出现了电影中经常出现的空镜头，天空乌云翻滚，电闪雷鸣，这自然的风暴暗示着人物内心的风暴。此时，一束追光打在舞台深处的程婴身上，他看着躺在舞台上的两具死尸，声音嘶哑、悲愤欲绝、眼神呆滞地趴伏在儿子的尸体上开始了大段的抒情唱段。在这个人物感情的爆破点上，导演没有使用动作复杂的大型舞台调度来渲染人物的激情，而是与演员一道在体验人物内心世界的基础上，将戏曲唱腔的词情、曲情、声情、表情融为一体，通过收放自如、抑扬顿挫、饱含情感的唱腔及表演，深沉、清晰、生动地揭示出此时此刻程婴两眼泣血、肝胆欲碎、

● 豫剧《程婴救孤》排练中

万箭穿胸的悲痛情感。在整个大段唱腔期间,导演只安排了几个简单的调度,即程婴趴伏在公孙杵臼和婴儿的尸体前,程婴怀抱死去的婴儿,程婴脱下衣衫盖住两个冰冷的尸体。在大段唱腔结束后,舞台上依然是乌云翻滚、电闪雷鸣,同时在暗场中响起了苍劲的画外音:"程婴,你个背信弃义的小人!天打雷劈,你不得好死!"在一束追光的照射下,跪在地上的程婴缓缓抬起头来,佝偻的身形、呆滞的眼神、灰白的须发揭示出他内心忍受着的煎熬。在当时的情境下,他只能承受误解的风刀霜剑,在谩骂中沉默,而不能替自己辩白。编导对人性的开掘还不止于此,在短暂的暗场后,清脆的童声画外音再次响起:"老程婴,坏良心,他是一个不义人。行出卖,贪赏金,老天有眼断子孙。"此时大雪更加狂虐,程婴的失子之痛、丧妻之悲、被唾骂的屈辱、被误解的痛苦交织于心。为了突出地强调程婴内心的煎熬,导演为演员设计了更加佝偻的形体造型,将程婴满头的须发变为苍白,并让演员缓步穿过二层平台。程婴脚步蹒跚,在漫天纷飞的大雪中踽踽独行。在外化人物内心风暴时,导演能够将景物与人物结合,在情、景、人的交融中,创造出一种深远的意境,

● 现代剧《村官李天成》剧照

使传统戏曲舞台具有了现代的审美品格。

在人物塑造方面,张平导演善于选择特定的情境来突出和强调人物的思想感情。人物的思想感情只有在抉择的关键时刻,才能表现得最真实、最鲜明、最突出。在豫剧《兰考往事·焦裕禄》中,张平导演准确地选择了"分粮"一场作为核心场次。这个场次不仅给塑造人物形象和表现主题思想的高度定下基调,而且使全剧在展现焦裕禄的精神世界上具有新的视角。在"分粮"这场戏中,编导对人物性格的刻画开始向人物内心世界的丰富性和复杂性拓展,努力在更真实的历史层面上,展现生活的本来面貌,希望把人性表现得更真实、更深刻。自20世纪60年代以来,焦裕禄的事迹在中国大地广为流传,焦裕禄的形象在人们心中也有一个基本的定位。那么,这次创作如何才能从一个新的视角来诠释焦裕禄这个人物形象,赋予他时代的色彩和人性的光辉呢?导演的重心依然放在典型性格的塑造上,他的各种手段都围绕着这个重心展开。但是,导演又把人物性格深化到内心世界,并充分揭示人物内心世界的冲突,努力发掘人物性格深层结构中的矛盾内容。在治理"三

● 张平在给焦裕禄的扮演者贾文龙说戏

害"最关键的战役中,瘟疫般的浮肿病在兰考大地上蔓延。本着"为民""求实"的精神,焦裕禄和县长张钦礼支持到外地购买议价粮,帮助缺粮的群众渡过难关。但购买议价粮违反了国家统购统销的政策,在地委专案组的调查中,焦裕禄面临着被开除公职、被开除党籍、被公检法处理的局面。危难之际,焦裕禄拒绝在调查书上签字,没有将责任推卸给县长张钦礼。当地委的顾主任以"不能碰政治高压线"来阻止分粮时,焦裕禄内心掀起了情感的波澜。在这里,导演没有流于好人好事的一般性展示,而是抓住人物性格和人物情感的爆破点进行深度挖掘,将焦裕禄的党性建立在人性的基础上,揭示出了人物灵魂的深度,从而使人物具有了情绪的感染力和理性的思辨力。在舞台处理上,导演让大批群众站在上场门,顾主任站在下场门,焦裕禄背身站在中间的小高台上,表明他承受着来自两方面的压力。在这个情感爆破点上,导演采用"静场"处理,使场上所有的群众隐下。焦裕禄看着渐行渐远的乡亲们的背影,心潮起伏。一阵风沙袭来,焦裕禄唱出"风沙滚滚心如焚"的大段抒情唱腔。在这种极其矛盾的姿态中,导演又强化了焦裕禄肝病的疼痛,他佝偻

豫剧《兰考往事·焦裕禄》剧照

着身子,脚步踉跄,不断用手按压肝部来减轻疼痛。演员忽而在地上翻滚,忽而单膝跪地,忽而"蹉步",忽而"抢背",导演正是通过传统戏曲唱做并重的程式技巧,犹如国画中的大泼墨,浓墨重彩地对焦裕禄的精神世界进行深层渲染,淋漓酣畅地抒发焦裕禄"求实""为民"的高尚情怀,在党性、人性、理智、情感交织的矛盾中塑造人物形象。最后,面对着苦难的乡亲们,面对着技术员宋铁成被活活饿死的惨痛事实,焦裕禄一声大吼:"分粮!"这一声发自人性深处的呐喊,吼出了一个中原男人的阳刚之气,吼出了一个共产党员的铮铮铁骨,吼出了人物形象的真善美。

在塑造人物形象时,张平导演还善于根据戏曲美学原则创造新的表演形式来表现人物的思想感情。新中国成立以来,戏曲为了适应表现现代生活内容的需要采用了写实布景和写实性较强的戏曲服装。为了适应写实布景和写实服装,戏曲导演只好把一些具有技巧性的程式语汇弃之不用,这就严重削弱了戏曲的形式美和技艺美。在《村官李天成》这部豫剧现代戏中,导演张平根据戏曲美学原则提炼生活,创造新的表现形式,使戏曲表演艺术不仅具有时代的美感,而且还具有较强的形式美和技艺美。李天成在黄河岸边拉车的一段戏就是在继承传统戏曲身段动作的基础上,将拉车的生活动作舞蹈化、节奏化、韵律化的结果。当李天成看到年迈力衰、白发苍苍的老人拉着千斤重的砖车在黄河岸边艰难行走时,那两条被挣断的带血的襻绳紧紧地纠缠着李天成的心,成为引爆李天成情感的导火索。为了增强人物表演的观赏性,升华人物的精神境界,导演创造了"拉车舞"这个戏曲表演形式。首先,导演提炼了现实生活中拉车的某些动作要点,使之向舞蹈升华。其次,导演吸收了现代舞蹈动作的一些元素,使"拉车舞"的动作韵律具有了现代感。再次,导演借鉴了传统戏曲中"蹉步""下叉""吊毛"等程式元素,保留了传统戏曲的精华。最后,导演将新的"拉车舞"融入程式化的戏曲锣鼓经之中,使拉车的动作不仅保留了传统戏曲的节奏感,而且具有了现代生活的韵律。在黄河大堤上,李天成躬着身,弯着背,步步艰辛地向前挣扎。他时而推车,时而拉车,时而双腿跪地,时而左右摆腿。一束血红的光线扫在天幕上,在定点光中李天成痛苦万分,他独自一人仰望黑沉沉的夜空,如泣如诉地倾吐心声:"坎坷路上重走过","为乡亲谋福利,我要爬过那万丈陡坡"。这样,拉车就从具体行为上升为象征行为,从物理意义上的拉车变为了精神意义上的拉车。最后,李天成拉车从上场门向下场门的后方斜线调度,一束强光从下场门斜线打在舞台上,一队群众虚拟拉车在后面跟随。这个群体拉车的舞台调度具有了更为强烈的象征意义———一个人在艰难爬坡,一个民族在艰难爬坡。只有破除心中的障碍,才能爬过精神的高坡,真正迎来民族复兴的春天。

# 河南导演界的领军人物
## ——我和张平的四次合作

陈涌泉

在当下河南的知名导演中，张平是贯穿 20 世纪 90 年代至今的领军人物，并率先冲出河南走向全国。河南戏剧之所以能进入新的黄金期，从落后全国，到领跑全国，形成全国戏剧看河南的喜人局面，是与张平的突出贡献分不开的。截至目前，我和他共合作四部作品，分别是《程婴救孤》《台北知府》《王屋山的女人》和《陈蕃》，深知他是一位功底深厚的导演。排练场上他激情澎湃，指挥若定，颇有大将风范；排练场下他呼朋引伴，把酒临风，不失赤子之情。他的真性情也给我留下了深刻印象。

张平是典型的"演而优则导"。他少年时坐科京剧，打下了坚实、规范的戏曲底子，可谓"根正苗红"；青年时期是豫剧现代戏舞台上的当红小生，主演了多部优秀剧目；改任导演后，他很快完成了角色转换，把排练场变成了自己的舞台，尽情挥洒着才情，执导了一大批有影响的作品。与他合作前，我曾经观看过他导演的《红果，红了》等剧，为河南有这样的实力派导演欣喜不已；而他则观看了我编剧的《阿Q与孔乙己》，感觉也不错。这就直接促成了 2001 年年底在物色改编《赵氏孤儿》

● 豫剧《程婴救孤》排练现场

的编剧时,他和李树建一拍即合选择了我,从而实现了我们的第一次合作。

虽然已是13年前的事了,但创作排演《程婴救孤》的过程至今历历在目。记得我交出的剧本初稿名叫《程婴》,阅读后,张平转达了总导演黄在敏和主演李树建的意见,他们对剧本都很满意,但建议我再斟酌一下剧名,我就加上了"救孤"二字,这才有了后来的《程婴救孤》。进入排练后,张平有一天给我打电话,希望剧中的核心唱段,也就是现在广泛传唱的"十六年",能把程婴十六年育孤的艰辛历程表现得更具体、更细腻一些。于是我一气呵成,增添了如下段落:"夏天我怕他热,冬天又怕他寒;吃得少了怕饿着,吃多了又怕他消食难。两岁上有一次他把病患,发烧发了整三天。三天三夜我未合眼,煎汤熬药提心吊胆守在他身边。生怕他有个三长并两短,对不起赵家满门死去的英贤。三天后等他烧退去,我一头栽倒在床前……"果然,经过李树建的精彩演唱,每每能收到哀感顽艳、催人泪下的效果。

如果说以上两点是导演在良好的艺术感觉和理性思考下,与编剧相互切磋、良性互动碰撞出的火花的话,那么,在排演过程中,关于序幕二度呈现的三易其

● 张平与陈涌泉一同获得全国性文艺新闻出版大奖

稿,则让我充分感受到了张平的认真态度和深厚功力。剧本序幕中,屠岸贾传令将赵家满门抄斩,诛灭九族。至于如何抄斩诛灭,没有描述。这反而给导演留下了巨大的想象和创作空间,张平前后共排演了三稿。第一稿完全是写实的,不但刀斧手是具象的,赵家男女老少也悉数登场,真实再现了刑场杀人的场面;第二稿中,去掉了赵家男女老少,只有刀斧手如狼似虎,在疾风中举刀冲下;第三稿中,刀斧手也变成了中性,一身红衣打扮,手举屠刀时是刀斧手,手起刀落、甩出水袖处又变成了赵家人——杀人者瞬间变成被杀者,身份自由转换,把戏曲艺术独特的虚拟性、写意性发挥到了极致,带给观众的却是强烈的真实感,惨烈屠杀的场景一览无余,但给观众呈现出来的却是审美画面,而非暴力和血腥,无论在国内还是国外演出,都能让观众叹为观止。

剧本一字未动,舞台呈现却排出三稿,且一稿比一稿好,一稿比一稿高。导演凭着追求卓越、臻于至善的精神,在把作品推向新的高度时,自身也进入了一个全新的艺术境界。这对那些浅尝辄止,或只知道对剧本乱下刀子的导演,应该是一种

● 豫剧《王屋山的女人》剧照

很好的启示。

《程婴救孤》之外的另外三部作品《台北知府》《王屋山的女人》和《陈蕃》，都是在需要提升阶段，我被张平拉上当"敢死队员"冲锋陷阵的。中途加盟，自然要受到原剧本的种种限制，虽无选择题材的自由，却有破茧而出的欲望。因为不光张平在期待，更有原作者、院团的演职员和无数观众在审视，看你究竟有多大能耐，能给剧本提高多少，值不值得请你出山……所以，我必须自我加压，使出浑身解数去强攻，而不敢有一丝一毫懈怠。说句实话，改一个本子要远比我自己写一个本子要累得多。好在每次接手后，经过一番自我折腾，几度辗转反侧，最终总能得到张平"质的飞跃"的评价。《王屋山的女人》已成盛演不衰的保留剧目，入选第十六届上海国际艺术节，主演刘雯卉因成功塑造了女主人公彩云的形象，一举夺得第二十六届中国戏剧梅花奖和第二十五届上海白玉兰戏剧表演艺术奖主角奖，豫剧舞台上又冉冉升起一颗耀眼的明星。《陈蕃》继荣获河南省"文华大奖"后，又应中国戏剧家协会邀请进京演出，引起轰动，观众反响强烈，长安大戏院出现了罕见的加演现象。《台北知府》这个戏由于种种原因没能留下来,但值得欣慰的是,剧中我执笔创作的核心唱段"哭娘"流传下来了,很多演员、戏迷学唱这段戏,特别是很多业余演员,哪一家老人去世了,有丧事了,就拿"哭娘"这段戏去演唱挣钱……

《程婴救孤》荣获各项全国大奖后,天南地北的邀请让张平应接不暇。这些年他在全国排了许多剧种的戏,也取得了多项骄人的成绩,但他不止一次对我感叹,再也没有排《程婴救孤》时的那种感觉了。我很理解他。其实那种感觉就是一口气、一股心劲。那时李树建和张平在经历了人生低潮后,卧薪尝胆,以滚石上山的精神,憋着一口气要带领二团走出困境。那种对艺术的敬畏、纯粹、执着和投入,并不是高接远送就能迸发的。文章憎命达,张平兄,愿我们无论何时都不忘初心,相信凭着你的才华、你的悟性、你的功力,你一定还会创作出更加优秀的作品!虽说功成不必在我,但我依然期待着与你的第五次、第六次乃至第 N 次合作!

# 与张平导演的情缘

贾文龙

张平,著名戏剧导演;

曾三次荣膺文化部文华导演奖;

五次荣获中宣部"五个一工程"奖;

"全国百名杰出青年文艺家";

中国戏剧界一员战绩卓著的导演战将。

然而,对于这样一位赫赫有名的导演艺术家,作为一个与他多年并肩战斗的挚友、一个多年聆听他教益的学生,我一直以来都认为他是一位"在艰难中不断跋涉的导演"!为什么在那样一条充满了风雨和孤寂的路上,他始终是昂扬着、奋发着、豪歌着?为什么在他深切体悟人生的苦楚后吞吐出的却是鸿剧华章?

为什么?

我想,他一定是怀有信念的,因为在他生命的酸涩之中肯定也流淌着一丝甘甜……

我跟张平导演的缘分要追溯到很多年前了。20世纪80年代的张平是全省戏

● 工作中的张平

曲界小生行的宠儿、翘楚，他给河南戏剧舞台带来了一阵清风，他领衔主演了《闯世界的恋人》《拾来的女婿》《归来的情哥》等一批极具影响力的作品，就连他饰演的《倔公公偏遇犟媳妇》中的一个小角色——"小三儿"也风趣生香、活灵活现，如今想起仍印象深刻。我像当年的好多青年男演员一样，暗下决心，看齐张平。80年代中后期正当他事业风生水起、如火如荼之时他却转行，东赴上海深造了。这样的人生转折究竟是华丽还是黯然？那个时候，我始终在关切着。

90年代初，由他执导的豫剧《红果，红了》惊艳问世，一举斩获文华导演奖及文华新剧目奖，继而《西门风月》《蚂蜂庄的姑爷》《市井人生》等一批影响深远、广受观众喜爱的舞台艺术佳作频出，一举奠定了他在河南旗帜型导演中的地位。无疑，他的转身是成功且华丽的，而那时我内心冥冥中有了一种真诚的期许，期望能和他有一次舞台"情缘"。

佛说："上天终会眷顾那些意挚心诚之人。"就在毫无征兆和准备的情况下，我们之间开始结缘了。2001年，因濮阳市豫剧团与河南省豫剧三团联合打造大型豫

● 现代剧《村官李天成》剧照

剧现代戏《村官李天成》，由张平执导，我饰演李天成，终圆吾梦。人的本能中有一种对于陌生环境的排斥性和适应的阵痛。河南省豫剧三团是全国仅有的一个专门创演现代戏的红旗团，它有着一套严谨、独到、科学的表演体系，要想融通于这种体系，除了必要的言传身教，更重要的是需要参悟，这种参悟本身需要一种浸润，而这种浸润本需一个漫长的过程。

开始接触张导，我有些拘束，排练过程中我的表演总是和三团的整体表演风格不融，初始还有很多同仁热心指点，后来我能从大家的无语中感到对我的失望。当时我压力陡增，从未有过的紧张一直袭扰着我，而张导在排练场上对我的要求竟越发地严格，批评也越发苛刻。其实，我知道他是在激发我，他知道我是个决不服输的人。他台上严厉地批评后，台下又会不厌其烦地为我详细讲解创作初衷以及对该剧、对人物的理解和把握，其实有时候我都有点烦了，他竟还十分执着。后来，我能在最短的时间内和三团的表演融为一体并建立高度的自信，首当感谢张平导演，这部戏排演以后我心里一直管他叫"平哥"，平哥，谢谢！

● 现代剧《村官李天成》剧照

    2002年大型豫剧现代戏《村官李天成》备受各级领导关注,指示我们要向中央领导汇报演出。因为时间紧,整个剧组压力巨大,当然张导的压力更大,他要面临别的剧团挑战,万一不被认可,我们毫无疑问地就要被其他团排演的《村官李天成》取而代之,为此张导多次组织专家和主创人员深入分析,研讨加工修改提高的方案。整个剧组也是如履薄冰,忐忑不安,但大家齐心协力、众志成城,变压力为动力,在张导的决策和带领下,我们夜以继日、数易其稿,终把《村官李天成》排成了上好佳品,并于2002年9月份进京向中央领导和首都观众汇报演出,得到高度赞扬。之后我们多次携《村官李天成》进京参加建党、新中国成立优秀剧目展演,并在上海、陕西、山东、河北等地进行巡演,荣获中宣部"五个一工程"奖、国家舞台艺术精品工程资助、文化部文华新剧目奖。我本人也因此荣获了中国戏剧梅花奖、上海白玉兰戏剧表演艺术奖等,这些奖项无不饱含着张导的心血。谢谢,平哥!

    自2004年排出了备受广大观众喜欢、享誉中外、获得诸多大奖的豫剧《程婴救孤》后,张平导演跻身国家级导演行列,声名大振,在全国范围内帮助兄弟院团

● 现代剧《兰考往事·焦裕禄》剧照

排演了很多叫好又叫座的剧目。习总书记两次来豫调研并参观焦裕禄纪念馆，至此，全国范围内掀起了学习"焦裕禄精神"的热潮，2011 年，我和张导再度合作，创排省委省政府重点项目、大型豫剧现代戏《兰考往事·焦裕禄》。自焦裕禄逝世至今，很多艺术门类竞相创编表现焦裕禄的艺术形象，但几乎都不理想。怎样能让一个离开我们半个世纪的县委书记的艺术形象和当代的观众产生强烈的共鸣？这是一个大难题。张导带领主创班子大量翻阅资料、观摩焦裕禄有关影视资料，从中汲取值得借鉴的东西，而且多次深入兰考调查走访，终于完成了剧本创作。记得在兰考封闭排练期间，张导让我们先参观了焦裕禄纪念馆，瞻仰拜谒了焦裕禄陵墓，来感受焦裕禄战天斗地的伟大精神。张导为了让我区别焦裕禄不同于李天成的艺术形象，常常帮助我剖析人物，找准人物内心世界和肢体表现动作，进行了脱胎换骨的创造。经过一个多月努力，张导又成功推出了一部具有强烈艺术震撼力、弘扬正能量的巨作。在张导的敦促下，我们精益求精、认真打磨，最终使该剧渐臻成熟，并荣获河南省第十二届戏剧大赛一等奖、第二届中国豫剧节金奖、第十三届中宣部精神文明建设"五个一工程"奖戏剧组第一名,三次进京汇报演出,分别参加了由中宣部、文化部主办的"向十八大献礼"优秀剧目展演、"向祖国汇报"国庆六十五周年优秀剧目展演,并作为"党的群众路线教育实践活动"生动教材在全省巡演,得到了党员干部和广大群众的热烈好评。

这些成绩的取得和我艺术上的进步,都离不开平哥的辛勤付出。因为戏,我与张平大哥结下了兄弟情缘;因为戏,我们又都成为了著名表演艺术家王善朴老师的弟子。我敬慕平哥,是因为他有一种信念,一种情怀。

诚如他说的,"我仍在路上"!

我相信,他的路定会越走越宽广!

我祝愿,我们之间的友谊地久天长……

# 将传统导入当代

——从三部豫剧现代戏看张平先生的导演艺术

胡晓军

  观看张平先生执导的三部豫剧现代戏,最直接的印象是当代表现手法少而精准、传统表现理念多且具活性。前者如《兰考往事·焦裕禄》,当车站上逃荒饥民向家乡告别时,多媒体天幕上出现人头攒动、伏地悲鸣的景象,虽只短短数秒,便令人十分震撼;后者如《村官李天成》,当表现主人公拉大车上坡时,演员在空舞台上调动并活用传统唱做手段,足有十几分钟,将大车的写实与山路的写意、拉车上坡的现实场面与艰难担当的象征意味同时加以体现,更令人印象深刻。前者是对当代再现技艺的惜墨如金,后者是对传统表现手段的泼墨如水。试想若是反向而行,恐很难获得如此震撼的效果、表达如此深刻的意涵。可见张导所思所选,并非偶然,而是以对戏曲历史文化的深刻认知为依托、对戏曲生存发展的充分考量为基础,所做出的内在平衡、外在鲜明的艺术抉择。

  新世纪以来,全国所有现存戏曲剧种都先后被列入"非遗"名录,在体制、经费、人才以至观众培养等各方面都获得了有针对性的保护。然而这些均属外力,皆不足以令当代戏曲的下行轨迹发生根本性的反转。时代不断前进,任何艺术都在

现代剧《村官李天成》剧照

谋求生存发展，戏曲若不甘只当玻璃罩下的博物馆藏，而是继续生在当代、从容活在社会，唯有靠戏曲家自己——从编、导、演、音乐、舞美直到学者。笔者主张"老戏老演"，这是从尊重和传承戏曲历史文脉而言；但反对"老演老戏"，这是从开创和发展当代戏曲文化而言。而原创现代戏正是戏曲家摆脱"老演老戏"限制、施展自身内力、发挥戏曲活力的"主战场"。纵观历史，戏曲原本具备的创造性正是从一个又一个的原创戏而来，戏曲原本具备的时代性正是由一个又一个的原创戏，将传统思想和技艺导入时代并形成新的思想艺术结晶的映现。当代戏曲，正有越来越多的戏曲家试图将古今人文思想与审美趣味相衔接、相融合，将优秀传统精神和经典技艺导入当代，表达出兼具传统性和时代感的思想活力与艺术魅力，从而为当代戏曲赢得生存理由和发展空间。张平先生就是其中善于思而敏于行、敏于行而见于效、见于效而有示范意义的一位。

首先，以戏曲艺术为主体、为基点，昭示时代社会的现实性。戏曲与话剧一样完全具备反映当下生活的能力，只是理念手段大不相同。既为戏曲现代戏，必先以

● 现代剧《村官李天成》剧照

戏曲艺术作为主体和基点。直观地看，《村官李天成》《兰考往事·焦裕禄》《王屋山的女人》戏曲唱念做舞的比例都是很高的；深层次看，无论是故事情节的简约通透、叙事结构的起承转合，还是开场、尾声的前呼后应，以至于先悲后喜、喜中含悲的审美特征，都是属于戏曲的。以此作为基础，张导在悬念的设置、节奏的安排上加入了当代戏剧的理念与处理手段，通过精心调和使唱段疏密相宜、身段轻重得体，令人过足戏瘾又不生丝毫冗长拖沓之感，已成为当代观众喜闻乐见的戏曲作品了。

戏曲美学兼具质朴与唯美两种特质，这两种特质不但互为表里，且可彼此转换。总体上看，北方戏曲多以质朴为表，从质朴中见唯美，南方戏曲则反之。作为豫剧导演，张导着力弘扬北方剧种长处，表现出宏大社会背景下的典型故事，刻画人物的思想情感及行为选择，显现出深厚、饱满的现实主义风格；而在剧情至高潮时，在表演、音乐、舞美整体上从质朴大胆地推向唯美。这种真切可信、自然而然的审美效果，是通过导演技巧编排的表演，都从传统的经典传承而来，因而具有归属

● 豫剧《兰考往事·焦裕禄》剧照

感;通过导演调度的剧情,都从生活的现实提炼而来,因而具有亲和力;通过导演手法的呈现,都从剧本的思想立意而来,因而具有文学性,绝不是简单的技巧排列和展示,而是复杂的提炼、综合与演绎。戏曲现代戏创作难,主旋律的戏曲现代戏创作更难,难就难在戏曲家能否具有通透的历史观、深刻的价值观、强烈的现实观以及与此匹配的艺术观。张导具备这些观念,因此即使是被行内视为畏途的"模范人物"题材,也在他手中游刃有余、殊途同归。同样是表现党员干部形象,同样是反映党和人民与生俱来的血肉联系,《兰考往事·焦裕禄》以治沙造林、种粮自足为脉络,《村官李天成》则以农村改革、脱贫致富为线索,深刻诠释出党和人民的血肉联系,不但保证了革命的成功,而且构成了党执政的合法基础,其中基层党员干部为民造福、先忧后乐、不计得失的可贵品质,正是党之所以能代表人民的基本保障。揭示这一时代发展的必然性,恰恰是通过大量而多样的戏曲艺术予以呈现的。

似乎也有另类,然而似反实正。《兰考往事·焦裕禄》开场唱少说多,戏曲身段少日常动作多,张导不仅采用话剧群戏手法,且不失时机地采用了巨幅视频。也许

● 河南省文化厅厅长杨丽萍看望豫剧《兰考往事·焦裕禄》剧组

张导认为，唯有如此沉重的生活质感，方能表现出焦裕禄初到兰考时所遇问题的严重程度。随着焦裕禄带头植树治沙、冒险购粮救急、反对女儿担任县政府秘书等剧情的开展，全剧的戏曲成分逐渐加强，为高潮唱段"百姓歌"作了水到渠成的铺垫。话剧再现的先扬后抑，戏曲表现的先抑后扬，张导给予观众的不仅是灵动的艺术才华，更是整体的戏剧观念和辩证的创作思维。

其次，以传统精神为核心、为支点，弘扬善良诚信的人性美。张导同样善于代言寻常百姓的道德品质与价值观念，真实而细腻地描绘小人物的小故事，收到以小见大、由浅入深的效果。《王屋山的女人》中，村妇彩云离乡打工，替亡夫偿还乡亲们的工资欠款，以弱女子的柔韧与担当，彰显中华民族善良正直、诚信坚韧、克己为人的精神，并暗示这种精神是始终激励和推动中华民族经逆势而不屈、历顺境而崛起的动力。笔者自然联想起过去几十年来，在过度的斗争哲学影响下、在泛滥的金钱至上思想污染下，这一宝贵的传统精神遭到毁伤，继而导致社会道德滑坡、诚信友爱缺失、人际关系冷漠甚至敌对，更造成人生理想的黯淡等一系列社会

● 豫剧《王屋山的女人》剧照

问题。彩云作为平凡女性展现出来的人性之美,拥有深厚的文化积淀和强烈的当代气场,这种传统美德和精神,正是目前人人渴盼、期待回归的。张导便是以此为支点,撬动了这根观众欲说难言、欲做还休的神经。

要在戏中弘扬传统道德,说易实难。但其难度,并不在编一个故事或造一个人物,而是要求主创对传统道德拥有理性和感性的双重认知,才有可能在理性上说服人、在感性上打动人,正所谓唯有"内化于心",方可能"外化于形"。当代戏剧创作的一个突出问题是,由于教育、文化、社会和历史原因,好几代处于创作旺盛期的作家、艺术家对传统优秀文化精神尚未真正认知、深入理解,所以纵有表现的愿望和作为,总显得勉强和肤浅,往往流于一般化、浮表化甚至一种新的概念化——所谓美德,不过是好人做好事;所谓底蕴,不过是让人物说两句老古话而已。这样不但无法引人关注,且很容易惹人生厌,有损于传统优秀精神作品的整体形象,拉低了其应有高度。

张导受戏曲文化的长期熏染,拥有扎实的传统文化功底,对仁爱友善、正直诚

● 豫剧《王屋山的女人》剧照

信、理解宽容、淡泊名利等传统精髓了然于胸,并能以娴熟的导演手法、真实的艺术形象演示出来。《王屋山的女人》中追讨工钱的乡亲、撕毁借据的老汉、乘人之危的痞子甚至盗窃公款的罪犯,他们的内心其实都是善良的。张导先展示了他们或一时糊涂、或无奈权宜、或铤而走险的动机,随后展示了他们或被彩云的真诚付出所感染,或被自身的良心所谴责的过程,令人信服地完成了将人性美由个体向群体的释放和伸展。这种情形在《村官李天成》《兰考往事·焦裕禄》中有异曲同工的表现。李天成、焦裕禄身上所体现的仁爱平和、修身齐家、积极用世、先忧后乐、百折不挠、忍辱负重、为民造福的思想境界,固然出于党的理想、宗旨与党员的道德修养,但也都体现了人性之美,都闪烁着传统文化精神的光辉。历史悠久、内涵博大的传统文化精神,更深更广地贴近所有中国人的生命意志。看来当代戏曲家要真正、完整地践行社会主义核心价值观,须将优秀传统文化精神与马克思主义、中国特色社会主义理论结合起来、彼此推动,方能获得更为强大持久的创作动力。

再次,以草根大众为圆心、为焦点,追求诗意表达的写意感。戏曲尤其是地方戏曲，原来生于草根、从未脱离草根，自然应以大众为创作圆心和服务焦点。戏曲家若误以为当代大众已经远离戏曲，就走所谓高雅路线，那是缘木求鱼；至于走艰涩路线、以大多数人看不懂为追求，更是此路不通。实际上，并非当代大众不爱戏曲，而是与过去比，他们对戏曲的写意性有了更高和更多的要求。当代戏曲须在通俗易懂的基础上深化哲理思考、提升审美层次，继而从内容到形式作出创新。深化哲理思考是首要，即反映出人物性格的多重性、事件阐释的多样性，由观众见高或见低；提升审美层次是其次，即优化戏曲程式及活用虚拟性，由观众知深或知浅，从而实现"有意味的诗意表达"。

"有意味的诗意表达"，须依赖演员的表演。戏曲现代戏，演员的大段唱做不可缺少，关键在于是否用对地方。《王屋山的女人》的重场戏"寻子"，饰演彩云的演员一面以圆场、串翻身、乌龙绞柱等传统身段组合表现雨中寻子的艰难过程，一面以糅合美声唱法的戏曲唱腔表达自己的思想情感。剧情层层演绎至此，这段唱做是对事件和人物命运的总体概括，是在现实哲理得到充分集聚之后的诗化演绎。如果将《王屋山的女人》看作一首长诗，那么这段唱便是"诗眼"。

"有意味的诗意表达"，须运用象征的力量。《王屋山的女人》以王屋山为虚景，作为愚公精神的象征贯彻始终；又以紫薇树为实景，作为彩云的心理象征出现在前后两个剧情的高潮部分。前一次是彩云为还重债告别亡夫，此时张导采用单色调的冷光，营造孤单幽怨的气氛，对应人物心绪，加深故事悬念；后一次是彩云历经艰辛终于母子相见，并得到了乡亲们的帮助，此时张导采用多变幻的暖光，使紫薇树显得硕大丰满、鲜亮多姿。此时观众不难联想起有着"紫薇舍人"雅号的杜牧的名句："晓迎秋露一枝新，不占园中最上春。桃李无言又何在？向风偏笑艳阳人。"从而为紫薇树所象征的精神状态和人格魅力所折服，为紫薇树所寓意的人间真情的升华而感动。

"有意味的诗意表达"，须强化音乐和舞蹈的渲染。音乐和舞蹈作为戏曲的特质与成分，本身就是无字的诗。《王屋山的女人》着意将戏曲声腔和美声唱法融会，将传统舞蹈与现代舞蹈交替，将民乐与西洋乐联奏，包括加大管弦乐成分、降低打击乐成分的做法，都是为了达到多样的诗化效果以提升主题。这一理念无疑是正确的，但在具体探索中尚有调整和完善的空间。

观看张平先生执导的戏，最深沉的感悟是现实生活质感强而浓郁、思想人文关怀深而有诗意。三部豫剧现代戏，在思想上将传统理念与当代理念相结合，在艺术上将传统技艺与当代技巧相结合，现实主义创作思想及手法与传统写意精神及表现，不偏不倚，相得益彰，从而产生了丰赡的传统意蕴、浓烈的当代美感，令大批观众对戏曲的当代生存、发展更具信心。须知一个民族，尤其是一个伟大的民族，一刻都不能没有表达自己独特思想情感的独特艺术品种——后者承载着前者，前者催发着后者，伴随和推动着全民族生生不息、代代发展。戏曲就是这样一种艺术，它的所有品种都正迫切地期待着将传统精神和文化底蕴导入当代，成为当代中国人生存和发展的精神营养。张平先生置身其中，正以自己思想与艺术的创造，践行着当代戏曲家的责任和使命。

# 关键时刻看张平

李树建

2000年6月6日,我和张平是一张调令调到河南省豫剧二团工作的。在此之前,我是在河南省豫剧一团任团长,张平同志在河南省豫剧三团任业务团长兼导演。什么事情都不能回避,是什么原因把我们二人调到二团呢?因为我们二人都是"三讲"不过关的领导干部。当时"三讲"不过关的干部有两种结局,一是免职,二是降职。我是1998年3月6日,通过公开招聘从三门峡市豫剧团直接调河南省豫剧一团任团长的,没有省直院团的管理经验和能力,后调河南省豫剧二团任党支部书记兼副团长,张平同志是平调。当时河南省豫剧二团条件最差,我和张平同志上任的第一天,就到后台看了河南省豫剧二团的服装道具等设备,看后我们二人坐在后台抱头痛哭,深感无力回天。

2001年,我和张平感到机会到来了。河南省豫剧二团要想翻身,必须排出一台好戏,参加河南省戏剧大赛,只有参加大赛,出戏,出人,才能救活河南省豫剧二团。我在中国戏曲学院进修时,看中了两台京剧,一台是《清风亭》,一台是《赵氏孤儿》,《清风亭》我改编成功了。在三门峡剧团工作时,我们移植了《赵氏孤儿》,效果

● 张平在工作中

一般，原因是全部照搬京剧，没有豫剧的风格。我和张平商量，由陈涌泉担任编剧，重写《赵氏孤儿》，后改名为《程婴救孤》。当时我们三人决心很大。陈涌泉表态：这部戏我不要稿酬，一定争这口气，排出精品。张平表态：如果此剧得不到河南戏剧大赛一等奖，降我一级工资，但有一个条件，最少得保证30万元的投入经费，否则，我不接这个任务。当时可把我给难坏了。我四处奔波到处借款，把河南省豫剧二团职工子女上学的学费和老干部住院的救命钱都借来了，保证了这部戏的排练。当时张平排古装戏很少，经验不足，但他很虚心、很敬业，天天泡在排练场，有时排着戏他都能坐在椅子上睡着，我看到这种情景几次落泪。张平的妈妈是常香玉的高徒，也有文化，有修养，每天张平排完戏不回自己家团聚，他和他母亲住在一起，商讨此剧如何提高，我很受感动。2002年9月份，省戏剧大赛《程婴救孤》荣获大赛一等奖第9名（共10个一等奖），虽然排名靠后，但已经很不容易，填补了河南省豫剧二团二十多年来没有获一等奖的空白，二团人高呼：二团人民胜利了，站起来了。我落泪了，当时我已任二团团长兼书记，是二团人培养了我，有了二团

● 豫剧《程婴救孤》剧照，李树建饰演程婴

才有我，有了张平才有我。

2004年9月18日，《程婴救孤》参加第七届中国艺术节，轰动了杭州。当时剧场内时而掌声雷动，时而泪如泉涌。演出结束后，场内千余名观众和所有评委起立为我们全体演职员长时间鼓掌。大幕合上后，全团同志抱头痛哭。我们的演出获得极大成功。演出结束后，我和张平没有回郑州，一直等待获奖消息。9月29日晚上举行颁奖晚会，当天中午我和张平正在宾馆吃饭，接到文化部戏剧处打来的电话，告诉我《程婴救孤》荣获文华大奖第一名和观众最喜爱的剧目第一名，当时我突然头晕趴在饭桌上，闭着眼睛给张平讲："张平，咱们是全国文华大奖第一名呀！"张平"哇"的一声，哭出了声，等了五分钟，我们两个互相搀扶着上了电梯，泪流满面，我说：平哥，咱兄弟俩太不容易了呀……下午我俩一起去商场，我自己掏钱给张平买了个衬衣和领带，决定晚上让他上台领奖，因为他是幕后英雄，也让他风光一次吧。回到郑州后河南省委省政府给了我很多荣誉。半年后，张平突然给我说："树建，我们合作了五年了，我们成功了，你也站稳脚跟了，你让我调走吧，一切荣誉都

是你的,我会全力支持你。"这就是张平的人品。2005年张平调至省艺术研究院。这几年来张平在全国排了很多戏,荣获了多种国家级大奖,为河南戏剧人增了光、添了彩。2013年,河南豫剧院恢复,我多次向省委宣传部、文化厅推荐让张平任河南豫剧院艺术发展部主任,我给有关领导汇报:"张平不仅是人才,而且是奇才,关键时刻看张平。"到院后,他带领全院搞艺术创作,特别是省纪委推出的大型廉政豫剧《全家福》时间紧、任务重,把这艰巨而光荣的任务交给了张平。他克服重重困难,承受着各种压力,最后成功上演,受到省委等四大班子的表扬和观众的热烈欢迎,为河南豫剧院增了光、添了彩。所以我说:"关键时刻看张平",不会有错。

## 激情四射　才溢八方
——我认识的张平

赵国安

多年以来,在我省的戏曲舞台上活跃着一批优秀的导演群体,张平则是他们中的佼佼者,一个颇有导演成就、惹人注目的耀眼之星,中青年才俊。他在戏曲舞台上展现的导演艺术已经从河南走向了全国。如果简单总结,说他"作品多""能力强""涉及范围广"是毫不为过的。作品多,张平从豫剧《程婴救孤》《村官李天成》开始走向国家级获奖队伍,到后来的《兰考往事·焦裕禄》《王屋山的女人》以及京剧《项羽》、婺剧《赤壁周郎》、评剧《长霞》等等。他的作品不但多,而且精,这就充分说明了他的导演能力强。从豫剧跨越到京剧、评剧、婺剧、越剧,从河南走向全国,这足以说明他的作品涉及范围之广。我和张平已经有近二十年的合作,参与了他导演的代表作《程婴救孤》《村官李天成》《兰考往事·焦裕禄》《抢来的警官》《轩辕大帝》《悠悠我心》等大戏的作曲工作。工作中的默契,生活上的亲密,让我这个年龄上大他几岁的"忘年交"对他的导演艺术有着全面的了解。我感觉他的导演艺术有几个明显的特点。

(1)由于他从小有着良好的演员基础,所以他熟悉戏曲舞台,有着丰富的舞台

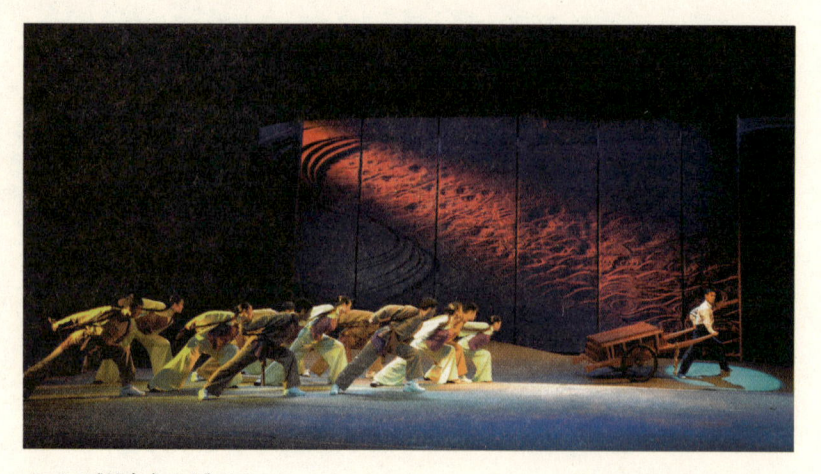

● 豫剧《村官李天成》剧照

经验,这对他从事导演工作有着很好的帮助。

(2)他把握作品准确。包括他对剧本主题的把握以及对作品前景、形势(观众的欣赏力、国家的大气候、社会效应等)的把握。

(3)他有强烈的创作激情和执着的艺术拼劲。认识张平的人都知道,他的创作激情充满着舞台,充满着他的全身。只要是他认准的戏,从读剧本开始,他的工作、生活就会充满了创作激情,这个戏的所有创作人员(编剧、作曲、舞美、演员、乐队)都被他的这种创作激情感染、影响,让人对戏有一种欲罢不能的感觉。

这里我想谈谈张平作为导演在二度创作中是如何和音乐结合的。

我们每排一部戏,首先接触到的就是张平这种对戏的激情,接到剧本他的每一句话都离不了"戏",从"戏"的主题、人物、布局到"戏"的前景规划、行政管理。只要接触到他,他就让你不能有喘气的机会,你的音乐创作必须具有"一气呵成"的气势。在这种激情之中,他也用自身的艺术感觉去启发、定位音乐风格和创作主题。排演场上他随便哼哼几句,我们便能知道导演此时所需要的音乐节奏和音乐

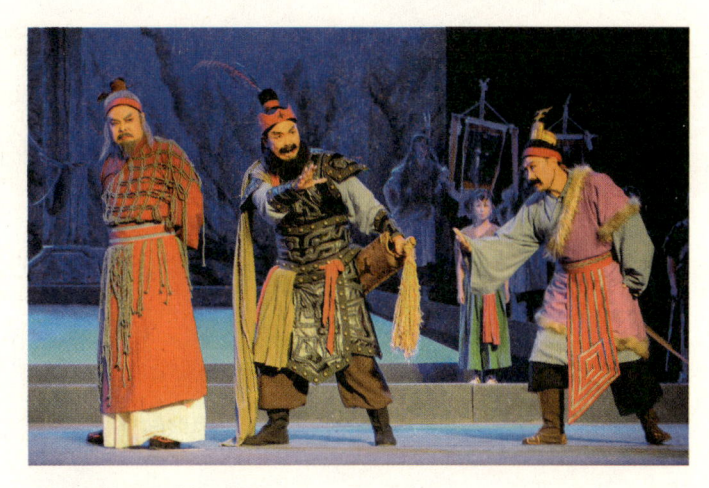

● 豫剧《轩辕大帝》剧照

情绪。这种默契对于整出戏的音乐创作,有着很重要的启发、定位作用,让我们的音乐创作思路不会跑偏走斜。有时他对伴奏以及某个乐器的使用也有着独特的见解和提议。比如《程婴救孤》一剧的开场音乐,他提出用"边鼓"击出独奏效果。这种应用独出新意、出手不俗。独奏的"丝鞭"效果,激烈的节奏,独特的音色,预示着本剧深刻、沉重的主题内涵。

《村官李天成》一剧中"拉车"一场戏,是被大家公认的经典场次,张平为这场戏费尽心思,设计了主人公李天成一套唱腔中的舞蹈身段,在传统基础上表现现代人的思想,表现主人公在逆境中奋起,和农民群众同呼吸、共命运、拉车上坡的复杂心情。在导演的启发下,乐队用了西洋管弦与戏曲打击乐结合的身段锣鼓音乐,刚柔相济、铿锵有力,效果非常好,为这个戏的成功起到了画龙点睛的作用,为现代戏中传统程式和时代特点的结合树立了典型。

张平知道狠抓戏曲舞台上演员声腔的要害之处,他认准的事关全剧人物闪光与否的声腔部分,他都会紧抓不放。《兰考往事·焦裕禄》剧中,最后在医院一段"百姓歌",从唱词到唱腔,我们反反复复修改不下十次之多,他说:这样的经典唱段表现主要人物的心声,表现时代先进人物的光彩,要通过这段唱腔去影响观众、歌颂先进。所以他对这段唱要求非常严,亲自改唱词,亲自研究唱腔旋律。

总之,张平在导演过程中,紧密结合音乐,配合作曲,互相尊重,又不失原则。与他合作,我们总觉得每上一台戏,都会有新的想法、新的套路,只有这样才能不断前进、不断提高。

张平在排演过程中,与作曲、乐队关系密切互相提高的例子很多,不再一一列举。在这里,我们祝愿张平导演今后有更多更好的新作品呈现在灿烂的戏曲舞台上。

# 张平导演艺术研讨会摘要

东 风

时间：2014 年 7 月 21 日
地点：中国文联

出席研讨会的领导和专家有：
河南省文化厅党组成员、副厅长李霞；
中国剧协分党组书记季国平；
中国剧协分党组成员、副秘书长崔伟；
文化部艺术司戏剧处副处长许浩军；
中国戏曲导演协会会长黄在敏；
中国文联理论研究室原副主任李春喜；
中国戏剧杂志社主编赓续华；
中国戏曲学院导演系主任、中国戏曲导演协会常务副会长冉常建；

中国评剧院院长王亚勋；

河南省文化厅原巡视员董文建；

河南豫剧院院长、中国剧协副主席、省剧协主席、豫剧名家李树建；

河南省艺术研究院原院长、著名作曲家方可杰；

河南省政府参事、著名剧作家姚金成；

河南豫剧院三团国家一级作曲赵国安；

郑州市艺术创作研究院院长、著名剧作家王明山；

河南省剧协驻会副主席、秘书长、著名剧作家陈涌泉；

济源市市委常委、宣传部长李军星；

河南省文化厅艺术处处长阎敬彩；

河南省文化厅艺术处副处长谢东；

河南豫剧院党委副书记、纪检书记吕青；

河南豫剧院副院长、三团团长、豫剧名家贾文龙；

河南豫剧院工会主席王发国。

出席研讨会的媒体有：

《人民日报》；

《光明日报》；

《中国文化报》；

《中国文艺报》；

中央电视台戏曲频道《戏曲采风》栏目组；

中国戏剧杂志社；

河南卫视；

《河南日报》；

《大河报》；

河南文化网；

《魅力中国》杂志社。

● 各位领导及专家与张平在"张平导演艺术研讨会"上的合影

### 浙江省义乌市婺剧传承保护中心贺信摘要

张平导演艺术研讨会的召开是对张平在艺术创作上取得卓越艺术成就的褒奖与肯定,向他表示真诚的祝贺!他为我们执导的《赤壁周郎》,获得了国际大奖。

### 上海越剧院贺信摘要

张平是活跃在河南乃至全国的实力派的导演、一位耀眼的中青年艺术家。我院曾请他执导《画皮》,产生了深远影响。

### 著名京剧表演艺术家孟广禄的贺信摘要

张平是我最尊敬的导演,他以对艺术最负责的态度投身艺术创作,他能将自己的思想准确传达给演员,使演员得到深层次启发。他是一名有艺术追求和进取精神的导演,在排演《项羽》时给我留下深刻美好的印象。

### 文化部艺术司的贺电摘要

张平是活跃在河南戏剧舞台上的优秀戏剧工作者,他导演的《程婴救孤》《村官李天成》《兰考往事·焦裕禄》《魏敬夫人》《王屋山的女人》等剧目以独特的舞台样式、深厚的文化内涵和强烈的艺术感染力,在河南省内外产生了较大影响,引起了全国戏剧界的关注,为新时期河南戏剧的发展做出了重要贡献。

### 中国导演学会的贺词摘要

近二十年来,张平导演执导的作品涉及豫剧、京剧、评剧、晋剧、婺剧、秦腔等多个剧种,创造了多个独具特色的舞台演出样式和鲜明的艺术形象。他为中国戏剧导演事业的发展做出了卓越的贡献。

### 李树建(河南豫剧院院长、中国剧协副主席、省剧协主席、豫剧名家)

我与张平一起工作多年,特别是合作《程婴救孤》这部戏让我很受感动。通过这部戏,张平在全国有了很大影响。后来张平排了很多戏,为河南戏剧、全国戏剧都做出了很大贡献。

### 季国平(中国剧协分党组书记)

首先向张平表示祝贺。河南省文化厅主办的艺术名家推介工程很有价值,很有意义。最可贵的是,表演艺术家、剧作家、导演、作曲家一起推,说明河南省文化厅对舞台艺术的高度重视。舞台艺术是综合艺术,导演做的是核心组织工作。2004年的"七艺节",我通过《程婴救孤》认识了张平。后来,又看了他执导的多部作品,让我对他刮目相看。张平对当代导演艺术的发展,作为一个个案,值得研究。他走了戏曲导演的正途,有继承有创新,在继承中不保守,在创新中不迷失。

### 姚金成（河南省政府参事、著名剧作家）

张平出生于梨园世家，有扎实深厚的京剧艺术功底，又受到豫剧现代戏的熏陶，形成了自己的创作风格。他对人物的感情、舞台样式、舞台空间的感觉好，对各种意见敏感。他精力充沛，极富创造力，是一个天才的导演艺术家。

### 崔伟（中国剧协分党组成员、副秘书长）

张平执导的每部作品，不仅有较高的艺术价值，而且还有强烈的情感冲击力。他善于观察与思考，能调动多种艺术手段来弥补剧本上的不足。他对人物命运的开掘很有深度。《程婴救孤》是他的发轫之作，《村官李天成》《兰考往事·焦裕禄》《王屋山的女人》则代表了当代现代戏的一个高度。

### 黄在敏（中国戏曲导演协会会长）

张平导演有一颗年轻的心，热情奔放。他的戏在舞台上有激情，每个人物有燃烧的心。他的戏很简洁，和他的人一样。他善于把握戏剧的节奏，这与他的性格分不开。张平的导演艺术，对当今戏曲界的导演很有启示意义。他注重本剧种的特色、审美特征，最大限度地调动演员的创造性。他能在传统与现代之间架起一座桥梁，能够走心、走人物。今后，要多排戏，多宣传自己的想法，以影响戏曲导演的思维。

### 李春喜（中国文联理论研究室原副主任）

张平是一位成就突出的导演。他能驾驭不同题材、不同样式的剧目，路子很宽。他的艺术视野开阔，出生于豫剧舞台上，修炼于豫剧舞台上，提高于豫剧舞台上，又回归到豫剧舞台上。从技巧到精神，这就是张平导演艺术的升华。

**陈涌泉**（河南省剧协驻会副主席、秘书长，著名剧作家）

张平是一个功力深厚的导演，一个才华横溢的导演，一个激情澎湃的导演，还是一个深具潜力的导演。我与他合作中，是如切如磋、如琢如磨、如兄如弟、志同道合的关系。编剧与导演相互碰撞、相互沟通，让这一对矛盾体转化为统一体，共同完成一部优秀作品的打造。一部戏在创作过程中，配合非常重要，我和他合作得很愉快。他对编剧很尊重，也有一种交流，期待着新的合作。

**赓续华**（中国戏剧杂志社主编）

河南省艺术名家推介工程是凝聚人气、检阅队伍、保护人才的工程。张平很幸运地生活在有艺术氛围的中原大地上，确保了艺术才华的绽放。他的作品不断有提高，而且有样式感。我认为，他最好的作品还是《程婴救孤》，其他剧种难以超越。正是由于他的人生境界高，所以他执导的作品水平就高。张平是新世纪戏剧导演中的佼佼者。

**冉常建**（中国戏曲学院导演系主任、中国戏曲导演协会常务副会长）

《程婴救孤》是古老戏曲作品的当代解读，张平导演和编剧、作曲、演员一起在继承传统精神理念的基础上，为人物注入了时代的人性的色彩。他淡化了一些情节，强化了人物内心的渲染，从而深深地打动了观众，取得了强烈的情感冲击力和舞台演出效果。《兰考往事·焦裕禄》这部戏，太熟了，影视剧、话剧、戏曲都有，特别难排。没想到，张平执导出来的豫剧版本，那么有深度，那么有亮点。

**王亚勋**（中国评剧院院长）

张平的作品集中体现了戏曲导演的美学特征和艺术特性，体现了豫剧导演艺术家的地域特色和浓厚的符号特征，代表了自己的美学追求、艺术功力。他为我们评剧院执导的《长霞》《呼兰河》，丰富了上演剧目，增添了一抹亮色。

**赵国安**（河南豫剧院三团国家一级作曲）

我们合作了六七部作品，他在音乐上把感觉传递给我，我去执行。他非常注意保持甚至说强化本剧种音乐唱腔的风格，每部作品都能抓住一个闪光的地方，因此戏得以流传，核心唱段得以传唱。

**李军星**（济源市市委常委、宣传部长）

我代表济源向张平表示祝贺。他为我们济源市戏剧艺术发展中心执导的《王屋山的女人》结出了丰硕的成果，推动了我市戏剧的发展。他有强烈的戏剧事业心、责任感，有激情，有才华，有创新精神，对艺术精益求精，对演员要求严格，给我们带出了一批艺术上过硬的好演员。

**董文建**（河南省文化厅原巡视员）

大家都是带着对戏曲艺术的一腔热情而来，带着对张平导演艺术肯定的感情而来，今天的会议开得很成功。张平正处于艺术创作的黄金阶段，希望他为河南、为全国的戏曲观众创作出更多、更好的作品。

**张平**

推介会的主题就是"在路上"，这是我的一个起点。感谢领导们、老师们对我提出的中肯意见和殷切期望，我将把这些作为鞭策和动力，我会继续努力，为戏剧事业多做贡献。谢谢！

# 《程婴救孤》导演阐述

张 平

## 一、关于剧本

《程婴救孤》一剧是我省著名编剧陈涌泉同志根据纪君祥的元杂剧《赵氏孤儿》改编而成。《赵氏孤儿》是我国古典戏曲中著名的历史悲剧，描写的是春秋时代晋国的武将屠岸贾专权，他在晋灵公面前诬陷文臣赵盾，尽管赵盾是晋灵公的亲家，结果还是一家300余口惨遭杀戮的故事。最早见于《左传》和《史记》，后来刘向的《新序》《说苑》中也提到了这一历史故事。

《赵氏孤儿》一剧是中国古典历史剧中的佼佼者，早在18世纪就被翻译介绍到了西欧诸国。世界著名诗人、戏剧家伏尔泰、歌德等都曾改编过此剧。新中国成立后，在党和政府的直接关怀下，以马连良先生为首的诸多艺术家，通过对此剧的重新整理、加工，使《赵氏孤儿》在艺术的各个方面都有了明显的提高，演出曾获得了巨大成功，此剧成为北京京剧院及马派的代表作品之一。

而《程婴救孤》的编剧陈涌泉，并没有拘泥于元杂剧和京剧的版本，而是凭着

工作中的张平

一个艺术家应有的创新精神和深厚的文学功底,结合当前社会文化的需求和广大观众的审美情趣,对《赵氏孤儿》进行了新的裁剪和取舍,并融入了许多新的情节,以探索的精神,结合现代戏曲艺术规律,再现了这个令人触目惊心的历史冤案。《程婴救孤》结构严密,冲突尖锐,气势雄浑,悲壮激烈;每个人物性格鲜明,充满着阳刚之气。可以说,这是一个非常难得的好剧本,给我们的二度创作奠定了异常坚实的基础。

## 二、通过《程婴救孤》对民族精神的再思考

首先我们一起回忆一下美国著名影片《拯救大兵瑞恩》。为了使在二战中已经失去三个儿子的母亲不再失去最后一个儿子瑞恩,一小组士兵冒着敌人的枪林弹雨,前仆后继,以自己的血肉之躯谱写了一首爱国主义的美丽诗篇,颂扬了一种美国式的民族精神。此片曾荣获多项奥斯卡大奖。

● 豫剧《程婴救孤》剧照

　　再看《程婴救孤》一剧的故事情节。为救孤，韩厥将军拔剑自刎，彩凤姑娘宁死不屈，公孙杵臼毅然捐躯，而主人公程婴不但舍去亲生儿子，16年来还忍受着内心巨大的压力，把孤儿养育成人，最后又为护孤而死。这是多么的悲壮、何等的惨烈！他们同样以自己的血肉之躯谱写了一首不畏强权、正义战胜邪恶的壮丽诗篇，颂扬了一种中国式的民族精神。

　　为什么中、西方的艺术家不约而同地运用相近的故事和戏剧结构为载体，以各自不同的艺术手段来张扬同一种精神？这是与当前人们所处的时代背景密切相连的。当前，在经济大潮的猛烈冲击下，每个人的心理状态和生活空间都发生着巨大的变化。个体文化思潮及存在主义蔓延，群体文化、民族精神得不到张扬。《程婴救孤》呼唤的恰恰就是我们中华民族特有的这种尤其可贵、使人敬仰的文化和精神。程婴等人"救孤"，救的不是一个复仇的种子，而是一种民族精神，体现的是一个民族在善与恶面前的整体态度。就我个人而言，一直想寻找一个文学作品作为载体来张扬我们伟大民族的这种精神，而《程婴救孤》一剧就是开掘这种民族精神

豫剧《程婴救孤》剧照

的最好的载体。让我们借用历史来抒发对现实生活中某种形态的感愤和对历史精神的呼唤之情,呼唤那种永不磨灭,闪耀着崇高、伟大之光的民族精神的全面回归。

## 三、关于主线人物——程婴

全剧以程婴为主线,其主要任务就是运用一切必要的艺术手段来充分表现程婴在救孤过程中的心路历程和情感历程,一切人物和情节的设置都必须围绕着程婴这条主线、这个中心来运行。

程婴,一名草泽医生,是一个不被人们关注的小人物。他坚忍、顽强,具有崇高的气节、伟岸的性格和阔大的胸襟。从他那柔弱的人物身上折射出的则是一种中华民族特有的、不屈不挠的伟大精神。压力越大则越有力量,在善与恶的激烈撞击中,闪现在程婴身上的正义之光,点燃了人们心头冉冉升起的正义之火。他那纯洁的人生品格、艰难的人生历程,时时引起我们每一个现代人的热切关注和深刻反思。

在舞台处理上我们要调动一切艺术手段给程婴造成极大的双重压力,即心理压力和肉体压力。压力越大,越能使程婴的精神力量得到充分的展示。但更重要的是强调程婴的心理压力,也就是人物的内在压力。要强调他内心所遭受的磨难,充分展示他在受"内伤"的同时又要强装笑颜,有苦不能诉,活着比死更艰难的生活境况。所以在演员表演方面一定要内涵深刻,切记不能外露。要"淡"。越"淡"就越有艺术的感染力。我们要争取表现出他那平淡的表象下涌动着的激烈的情感洪流。然而结尾他的死又是那样的安详、那样的美丽。他带着微笑,带着自己坚定的人生信仰和实现了这种信仰的满足感,坦然地离开了人间。所以,我把这部戏的主题定为:人生价值的呈现也是一种精神的呈现,人只要有一个坚定的信仰并为之不懈地努力,定能获得一个美好的明天。

## 四、总体风格、样式

这是一部悲剧,一部主题深刻,结构凝练、简洁,视觉形象悲壮、惨烈,人物形象鲜明生动,带有一种凛然正气的悲剧。我们要通过这样的悲剧展现出一种凛然正气和伟大的民族精神,整个戏要气势恢宏,要有极强的震撼力,舞台的整体呈现要大气。

## 五、总体创作原则

戏剧是一门综合艺术,现代舞台各种技术的开发利用,使戏剧艺术日益走向了综合性表现语汇的运用和交融,走向了整体性视听审美的开掘。这就要求剧本创作,演员的表演,舞美、灯光、音乐、服装、化妆的设计等舞台创作在导演的统一构思下,更好地适应各种新技术,最大限度地发掘各自的艺术表现力。应该说,当代戏剧艺术讲究的是各个艺术门类全方位的创新与有机的结合,做到既要各显神通,又能和谐统一,追求中国戏曲所固有的美学神韵,通过我们《程婴救孤》剧组全体同志的不懈努力,争取创造出一种崭新的豫剧古装戏舞台艺术风貌,更好地、更

● 豫剧《程婴救孤》舞台设计

充分地展示我们二团人的艺术水平和精神风貌。所以,《程婴救孤》一剧的总体创作原则包括以下两个方面:

(1)雅、细、精、深

戏曲古装戏要保持艺术的青春和永久的魅力,就必须要与现代人的审美情趣紧密地结合,特别是要有深层次的文化含量,要对让观众回味无穷的哲理思考进行雅、细、精、深的舞台处理。目前绝大部分戏曲剧目的舞台呈现仍显得"粗、浅、俗、躁",这就要求我们戏曲艺术的探索者在舞台表现形式和思想内容的开掘上都要积极而大胆地吸收和借鉴现代各种艺术表现语汇的特长和优势,取长补短,优化组合,在雅、细、精、深方面多下功夫,从而使我们的戏曲艺术无论在内容还是在形式上都具有鲜明的时代感、深邃厚重的文化含量和崭新的现代戏曲舞台风貌,使戏曲艺术传统的美学精神与当代的审美情趣有机地融合。我确信,现代艺术的表现手段一旦注入戏曲艺术的肌体,将迅速拓展戏曲艺术的容量,并极大地强化戏曲艺术舞台的表现力和感染力。

（2）既要从时代生活出发，挖掘春秋时期人们特有的气质和真实的形态方式，又要遵循和发展中国戏曲特有的美学神韵，把春秋文化自然而有机地糅进戏曲艺术特有的神韵之中。我要求表演、服装、道具、化妆、音乐等全部舞台要素，在这一次的艺术创作中都要遵循这样一个原则：决不提倡单独的戏曲程式，更不提倡话剧式的自然生活形态，我们所追求的是把春秋时代的真实生活形态和戏曲程式有机地融合，进行创造性的改造和美饰。我们争取在全剧组同志的齐心协力下，创作出属于《程婴救孤》一剧所特有的崭新的豫剧古装戏舞台风貌。

## 六、关于表演

演员在表演过程中要准确体验人物的内心世界，准确把握人物所处的环境背景和人物之间的相互关系，遵循戏曲艺术的美学神韵，对生活的真实进行美饰和再创造，把自然的生活动作巧妙地、有机地转化为连续的舞台造型组合。表演要加强深邃的意味，不能表面化，要入心。演员的台词是否上韵要根据身份的需要，但动作要有乐感和韵律感。

## 七、关于唱腔、音乐

首先在唱腔上要是地道的豫剧，而且在程婴的唱腔设计上注意加进一些豫西调的风格而有利于演员的发挥，充分展示主要演员在唱腔方面的优势。总之要确保豫剧本体的艺术特色和魅力。但在其他人物的唱腔上要强调一个"新"字，如公主等，这样有利于唱腔色彩的对比。要结合一些民间音乐、歌曲加之现代的音乐语汇对次要人物的唱腔进行一定程度的改造和创新，拓展豫剧传统唱腔的表现能力。另外，在伴奏音乐方面要注重对人物的心理进行描写，注意特有乐器和特有声调的运用。如开幕、闭幕二次边鼓的单独运用等，整体音乐要悲壮、惨烈，大起大伏，利用一切配器手段充分展示《程婴救孤》一剧的舞台意境和舞台气氛。

## 八、舞台美术

凝重,空灵,时代和地域感要突出,而且有利于舞台多支点的运用。舞台要气势恢宏,整体呈现要大气,要有时代特征,要展示出文化的厚重感,最好是对戏的主题有较为深刻的揭示。

## 九、关于灯光

灯光要加强意象性,不要受自然光的束缚。可运用大量的色块加强舞台气氛,要有极强的色彩冲击力。另外,可强调一些人物内心色彩的展示,用色彩外化舞台人物细微的内心情绪变化。有时可随演员的唱腔、动作而变化,随舞台情绪而变化。

## 十、服装设计和化妆造型

严格遵循我们这一次的总体创作原则,既要尊重历史的真实,又要遵循戏曲特有的艺术规律,同时要结合现代观众的审美需求进行一些改造、加工和必要的创新。总之,突出时代感,突出人物个性,在贴近生活真实的基础上加强艺术化和美饰。

# 戏曲表演造型在豫剧《程婴救孤》中的现代化尝试
## ——张平在利兹大学的演讲

张 平

受时代环境变迁、艺术审美观念变化和其他文娱方式冲击等因素的影响,戏曲作品的创作方式也相应地发生了一些新变化。为了更好地适应时代和观众,豫剧《程婴救孤》在创作理念和操作实践方面进行了新的思考、探索和实践。对于文本的解释和对豫剧"程婴"形象的文化思考,我在"导演的话"中已基本表达了我的思想,在此就不多言。我今天着重阐述的是现代戏曲表演手段在豫剧《程婴救孤》中的综合运用。

## 一、表演造型的诗化写意性

中国戏曲是一门综合艺术,但表演在戏曲艺术中的分量举足轻重,在 20 世纪前半期,梅、尚、程、荀那绝美风流的表演毫无疑问地证实了这一点。所以不可否认,戏曲的表演艺术对戏曲艺术的形成起到了至关重要的作用,尤其是戏曲的表演艺术所表现出来的表演程式化和虚拟性,这两个表演系统对世界的表演艺术做

● 张平在英国利兹大学做演讲

出了独特而重要的贡献。贯穿排演《程婴救孤》的始终,我们以坚持发扬戏曲表演特色的优秀传统为主体,追求最大限度地发挥戏曲表演艺术程式化和虚拟性的美学潜能,为弘扬民族文化做出积极努力。同时,我们以开放的胸怀打造当代戏曲精品,在豫剧《程婴救孤》的表演设计上,我们结合当今实际,积极探索创作出符合当代观众审美倾向的新豫剧。譬如在表演造型方面,我们对戏曲表演的程式化和虚拟性做了新的解释和发挥创造,把表演造型的程式化和虚拟性提升到诗化写意性的高度进行舞台演绎。《程婴救孤》在严格遵循戏曲表演程式的同时,根据题材内容的要求和当代观众的审美倾向创造了大量的新的表演造型。在演员原来的表演程式中,我们为不同的人物、不同的情境设计了不同的动作造型。如,程婴携孤儿入住屠岸贾府,我们没有用浓墨重彩描述他内心所遭受的磨难,而是用人物连续的造型组合,诗化写意展示了程婴16年的艰难岁月。在古乐器埙那凄凉旋律的伴奏下,程婴三次缓缓上场,而每次上场都换髯口(戏曲老生的胡子),加之缓落的秋叶和皑皑白雪,程婴的髯口从黑变灰,从灰变白……整段舞台呈现长达5分钟,虽

戏曲表演造型在豫剧《程婴救孤》中的现代化尝试

● 豫剧《程婴救孤》剧照

然没有一句话白,却大大加强了舞台的视觉效果,创造出了令观众触目惊心的戏曲场面,舞台时空瞬间凝固,造成一种震撼人心的戏剧力量。

## 二、静止场面的动作造型处理

在戏曲舞台上运用静止场面表达某种特殊的含义或营造某种特别的情境是司空见惯之事,但在《程婴救孤》中,我们则高度重视在静止场面中发挥出造型定位的特殊功效。如,全剧开场时,众刀斧手从屠夫瞬间变成血流成河的舞台环境造型。再如,公孙杵臼之死、彩凤受酷刑、程婴受酷刑、程婴给孤儿讲述身世时的剧中人物造型、全剧结束时众英雄群体造型等等(可以临时加现场翻译,我用形体动作表述),我们多次运用静止这一特殊的舞台呈现方式,收到了意想不到的渲染和震撼效果。

有位戏剧名家曾说:"停顿"也是动作。那么我们也可以说,"静止"也是一种非常重要的戏剧场面。"停顿"是一种特殊的动作,那么,"无声"更是一种特殊语言,有时无声的语言胜过有声的表达。同样,静止是一种特殊的场面,静止的场面会留给观众更大的想象空间和更深的思考空间。所以,在豫剧《程婴救孤》中,我们设计了许多具有深刻寓意的造型定位和静止场面,从而使我们的艺术内涵更简约、更直观地呈现在观众的面前。

# 大型现代豫剧《兰考往事·焦裕禄》导演阐述

张 平

## 一、导演的话

一个面对困难、面对挑战从不退缩、不逃避、不屈服、奋发有为而善于取胜的人。

一个始终坚守"真言、求实",对自己的承诺敢于担当、敢于负责的人。

一个爱民、亲民、为民办实事,能解决问题,最终为兰考人民活活累死的人。

一个给当今共产党员树立了崇高道德标杆的人。

——他就是人民的好书记焦裕禄。

让我们通过50多年前去世的一名共产党员的真实故事,引发所有今天走进剧场的观众们对现实生活中某种社会形态的反思,从而使我们得到最崇高的人生警示和精神启悟。

● 豫剧《兰考往事·焦裕禄》剧照

## 二、对剧本的理解

在《兰考往事·焦裕禄》一剧中，我省著名编剧姚金成、何中兴以河南省兰考县原县委书记焦裕禄的动人事迹为基础，运用戏剧艺术的手法给我们展示20世纪60年代我党一位可亲、可敬、一心为民做实事的人民公仆的动人故事。

乍一看，这是一部政治宣传色彩很强的"主旋律"戏剧作品，如果处理不好，很容易掉进"高大全"式的空洞说教的陷阱。然而，两位编剧艺术家知难而进，他们凭借着深厚的文学功底和艺术修养，凭借着对现时社会、对人生价值的深刻思考，以艺术家应有的社会责任感和对戏剧艺术的探索、创新精神，结合当今社会文化的整体需求，在融入河南豫剧现代戏艺术个性的基础上，对党的好干部焦裕禄的感人事迹进行了重新整理和艺术化的再创作。如，编剧以独特的视角充分表现了焦裕禄在50多年前那个特殊的历史环境中发自内心的、真诚的反思和真实的情感表述。编剧设计了三个"对不起"的舞台情节：（1）作为兰考县县委书记，他对不起

● 领导亲切看望豫剧《兰考往事·焦裕禄》主创人员

兰考的乡亲们(第一场车站为乡亲们送行)。(2)作为党的县委书记,对不起知识分子(第二场为宋铁成平反)。(3)作为父亲,对不起女儿,对不起家人(第六场病房求女儿的谅解)。通过这三个"对不起",真实地袒露了焦裕禄对乡亲、对同志、对家人那深切而真挚的情怀。编剧不但给我们今天的共产党员树立了一个崇高的道德标杆,而且又着力挖掘了其人性化的深刻内涵,使焦裕禄的人物形象回归人性的本真,让当今观众在审美的情节感动中同时感悟英雄人物的平凡和亲切。

　　该剧既富有极强的戏剧性和浓烈的舞台情感冲击力,又能使我们通过焦裕禄的舞台形象对现实社会、对自我人生价值进行深刻的回味和思考。该剧本是我从事戏剧导演工作以来最喜爱的豫剧现代戏剧本之一。它不重复、不雷同,它有一种新的舞台行动表达方式,能使我们的舞台呈现达到一种更高的艺术境界。该剧每个人物形象都十分鲜活,性格突出、独特、时代感强,而且河南地域色彩浓郁。两位编剧充分发挥和运用了现实主义创作手法,又结合中国戏曲艺术特有的美学神韵,充分展示了焦裕禄那崇高真实的舞台形象。总之,剧本唱词准确、精细,又富有哲理和内涵(如第六场病房的"百姓歌"),人物情感描写丰富、细腻真实,全剧节奏鲜明、层次感强,给导演的二度创作奠定了非常牢固的基础。

## 三、焦裕禄精神带给当代人们的多维思考

兰考的乡亲们泣不成声地说:"好书记、好书记!你是为俺兰考人民活活累死的呀!"

在重学焦裕禄的活动中,我发自内心地说:他为民、亲民、爱民是一种自然的感情流露,是一种本能的自然体现,不是有意识的而是潜意识的,他给我们今天的党员树立了一个道德标杆。

习近平总书记要求全国的县委书记要学习焦裕禄、做焦裕禄式的"四有书记":

(1)心中有党:不能在政治方向上走偏。

(2)心中有民:解决人民最现实的问题。

(3)心中有责:不能干三年涛声依旧。

(4)心中有戒:把好"权钱关、美色关"。

这就是我们要重新呼唤的焦裕禄精神。

焦裕禄逝世已经50多年了,但焦裕禄精神历久弥新,不因岁月的尘封而失色,不因时代的变动而黯然,他的精神对我们党、对我们国家具有巨大的历史震撼力和时空穿透力,至今仍有直指人心、触动灵魂的力量。习近平总书记指出:"焦裕禄同志的形象一直在我心中",要特别学习弘扬焦裕禄同志"心中装着全体人民,唯独没有他自己"的公仆情怀,凡事探求就里,"吃别人嚼过的馍没味道"的求实作风,"敢教日月换新天""革命者要在困难面前逞英雄"的奋斗精神,艰苦朴素、廉洁奉公、"任何时候都不搞特殊化"的道德情操。习总书记的这些论述为焦裕禄精神赋予了新的时代内涵,对我们深刻理解焦裕禄精神的时代价值,进而实现中华民族伟大复兴的中国梦具有重大的现实意义。

今天我们就是要借助焦裕禄精神重新呼唤善良、美好、崇高、为他人的伟大中华民族优良美德的全面回归,呼唤顽强、自信、勇于担当、勤劳、朴实的中华魂魄的

● 豫剧《兰考往事·焦裕禄》演出现场

全面回归。

## 四、总体风格、样式

这是一部正剧,一部主题深刻、情感细腻、发人深思、一腔正气、结构严谨、带有史诗剧韵味的正剧。

它流畅、震撼人心、感人肺腑,整个节奏平实自然,避免大喊大叫,追求的是一种深邃的意境和韵律美。

## 五、总体创作原则

(1)在坚守现实主义创作原则的基础上,加强戏曲艺术的写意性和戏曲所特有的独特韵律,也就是说,要求演员在表演上尽量多运用戏曲化的程式身段动作。

● 河南省委书记郭庚茂与豫剧《兰考往事·焦裕禄》主创人员亲切交谈

如三场战"三害"场面、五场抗洪场面的处理,加强戏曲舞蹈的使用。但同时又要注意真实的内心体验,采取运用生活、再现生活、提炼生活的创作原则和方法展现人物内心情感和外部动作。加强人物动作的舞台造型感和音乐的韵律感。

(2)为了更好地适应现代观众的审美需求,我们要在创作过程中进行一些新的探索和实践,争取在演员的外部身段造型、音乐伴奏的多元化组合、舞台美术的现代化手段使用等方面进行深入的探索和尝试。我们要通过这次《兰考往事·焦裕禄》的创作排练,使豫剧现代戏艺术在演员表演、音乐发展、舞美创作等各方面取得一定的理论收获,从而努力使河南豫剧现代戏艺术与当代观众的审美情趣进一步地融合。

## 六、关于演员表演

(1)演员在表演过程中要准确体验人物的内心世界,准确把握人物所处的环境背景和人物之间的相互关系。

（2）遵循戏曲艺术特有的美学神韵，尽量加强戏曲程式舞蹈身段的使用，加强戏曲化的韵律感。另外，要特别注意加强演员在演唱过程中的人物外部造型化处理，把自然生活进行有机的艺术化提炼，转化为不失人物内心体验的连续的舞台人物外部形体造型组合。

同时，在戏曲表演中运用静止造型场面去表达某种特殊的舞台气氛或营造某种特别的情境，对一部艺术佳作是非常必要的。在《兰考往事·焦裕禄》的创作过程中，我们高度重视静止造型的特殊舞台效能，因为该剧需要大量的舞台静止造型给观众以深刻的思考和想象空间，所以我们在《兰考往事·焦裕禄》的创作中设计了具有深刻寓意的舞台静止造型场面，从而把我们的艺术内涵更简约、更直观地呈现在观众的面前。

（3）要求演员在表演方面加强对人物内心的体验感受，加强深邃的意味，情绪往下沉，往内沉，避免表面化。演员一定要体验人物的内心世界，触摸人物的心灵，感受他的灵魂，最终呈现出一部崭新的、精细的、观众既陌生又熟悉的、让他们惊喜的现代豫剧。

## 七、关于唱腔及描写音乐

（1）在唱腔设计方面，我要求必须固守豫剧的本体个性，要有地道的豫剧韵味。如全剧开幕的男声伴唱，运用传统的豫剧"二八板"唱黄河，甚至有些人物唱腔可套用流派的特点，如徐俊雅的唱可借鉴崔派唱腔的特点等。但整体不能"太喊"，要追求平实自然，往人物内心走，追求一种深邃的意味和韵律美。每个人物最好都能寻找出他们独特的声腔旋律。

另外，"百姓歌"是一个亮点，要简单好学、好唱，便于传唱和普及，要超出《村官李天成》的"吃亏歌"。

（2）在描写音乐方面，一是要宏大，运用三团独有的管弦乐队伴奏；另一方面要静、要简，如"光明行"在二场结尾和三场开始的运用。可用特色乐器独奏，表现和刻画主要人物焦裕禄的内心情感，如板胡、二胡、小提琴等。

● 豫剧《兰考往事·焦裕禄》的舞美及灯光设计

总之,这次音乐描写分量很重,要追求一种歌剧化音乐元素的完美艺术呈现。

## 八、舞台美术

运用现实主义的创作手段,展现出裸露的黄土、黄色的天空与多年后绿色的大地之间的强烈对比,对比的结果就是深深地震撼每一位观众的内心,追问他们的灵魂,引发他们的思考,但是又不能失去大气,万不能进行舞台堆砌,要有利于演员的表演。

## 九、关于灯光

灯光要加强表现力,增强舞台人物的造型感,不能受自然环境、自然色彩的束缚,要充分强化主要人物的内心情感色彩。灯光要与舞台装置转换和演员的表演相结合，为演员的表演营造出几个具有强烈情感冲击力的高潮点，提升整体演出的审美品位。

## 十、服装设计和化妆造型

（1）服装要加强装饰性，处理好生活和艺术之间的关系，既尊重生活的真实，同时也具有现代戏曲艺术的装饰审美感受。

（2）化妆手段要在生活真实的基础上追求人物的艺术性和个性化，强调时代感，并与服装相辅相成，充分体现和强化特殊时期、特殊环境下人们真实的困难境况。

# 现代艺术手段在现代戏曲《王屋山的女人》中的综合运用

张 平

  随着文化产业的迅猛发展,艺术生产方式和社会审美观念也相应地发生了深刻而巨大的变化。目前,各种艺术元素的组合和多种艺术手段的综合运用已成为艺术创作中的一大潮流。戏曲艺术在其他文艺形式的强力冲击下将何以自处?戏曲被边沿化的局面如何改变?所谓"他山之石,可以攻玉",戏曲艺术要本着从善如流和博采众长的精神态度把自身打造成与时俱进和深受人民群众喜爱的优秀文艺品种,要满足市场选择的要求、顺应时代审美的潮流而大胆地进行改革创新。本文以笔者所导演的现代豫剧作品《王屋山的女人》为案例,通过阐述现代艺术手段在作品中的综合运用来说明当今的戏曲创作是如何进行改革创新的。

## 一、表演造型的现代化尝试

  有人认为,戏曲艺术是一门表演艺术,而20世纪前半叶梅、尚、程、荀在表演上的绝世风流似乎也加强了人们对这类观点的认同度。这种观点显然是失之偏颇的。毫无疑问,戏曲是一门货真价实的综合艺术,绝不是一门单一的表演艺术。但是,也不可否认,表演艺术在戏曲艺术中对戏曲艺术的形成和发展起到了至关重要的作用,尤其是戏曲的表演艺术所创造出来的表演程式化和虚拟性这两个表演系统,对世界的表演艺术做出了独特而又重要的贡献。在排演《王屋山的女人》的过程中,我们始终坚持发扬戏曲表演的优良传统,追求最大限度地发挥出戏曲表演艺术的程式化和虚拟性的美学潜能,为弘扬民族文化做出积极努力。同时,我们以开放的胸怀打造当代戏曲精品,在戏曲现代戏的表演设计上,我们结合当今实际,积极探索创作出符合当代观众审美要求的新戏曲。譬如在表演造型方面,我们对戏曲表演的程式化和虚拟性作了新的解析和发挥创造,把表演造型的程式化和虚拟性提升到诗化写意性的高度进行舞台演绎,取得了一定的突破和成效。

### (一)表演造型的诗化写意性

#### 1. 人物造型的程式化新解

程式化和虚拟性是戏曲表演艺术的两大特征,它们扎根于民族传统文化的大地,独树一帜,自成体系,迥别于其他国家的戏剧表演艺术。有人对戏曲表演的程式化做出"取象比类"的理论阐述,认为程式具有"以简驭繁、以显示幽和以常摄变"的特征和功能。一直以来,戏曲表演艺术就是以规范的程式化被一代又一代的表演艺术家传承至今的。时至今日,戏曲表演程式的传承包含着两个方面的意思:一是继承;二是发展。所谓继承,一方面就是将其业已完备的程式化表演套路忠实地保留传承下来,另一方面则是在已有但不够完善的程式的基础上进行补充加工,使得原来的表演套路更加完备。所谓发展,指的是戏曲的表演艺术形式要根据题材和内容的新需要而创造出与之相适应的新的表演程式。我们知道,戏曲表演艺术的传承其核心是继承,但也重在发展。如果戏曲的表演艺术在表演特色和审美要求上不能够与时俱进,它就会被逐出现代文艺生活的大门,甚至会被丢进历史的垃圾堆。

戏曲程式化当然有其不容置喙的极端合理性,没有程式化的创造,戏曲表演艺术的传承就是无源之水、无本之木。但同时我们也应看到,戏曲的程式化也有其消极不利的一面。如程式化的反复套用容易出现"千人一面"的舞台现象,重复的

● 豫剧《王屋山的女人》剧照

程式化表演会让当代观众产生审美疲劳,弄不好就会变成祥林嫂式的唠叨,导致效果与动机严重相悖。

　　正是有鉴于此,现代豫剧《王屋山的女人》在严格遵循原来戏曲表演程式美学原则的同时,也根据题材内容的要求和当代观众的审美情趣创造了大量的新的表演造型。在演员生活化的表演过程中,我们为不同的人物、不同的情境设计了不同的动作造型,如彩云为民工送饭时的三轮车舞蹈造型、彩云在寻找大宝时戏曲舞蹈和程式化身段的综合运用、民工兄弟为彩云挡雨的集体造型等。这些都大大地加强了舞台的视觉效果。我们之所以这样做,有其内在根据:一是题材的需要。现代豫剧《王屋山的女人》是一部与现代生活非常贴近的作品,反映的是农民工的生活。如果不用戏曲特有的美学神韵、不用舞蹈和造型来塑造剧中人物,就会大大削减此剧的艺术感染力。二是完善的需要。戏曲现代戏《王屋山的女人》的个别场面表演情境虽可以借鉴和引用话剧生活化的表演手段,但这种表演手段不足以把戏曲作品中人物的心理充分地揭示出来,因此必须在生活化的基础上加强戏曲表演程式化的韵律美饰,对戏曲化的程式和身段进行再加工和再创造,最终使内容和形式实现完美的有机融合。

2. 人物造型的虚拟性发挥

所谓人物造型的虚拟性发挥,就是在原本生活的基础上进行更精美的艺术加工创造和更具现代感的美学挖掘。

戏曲表演艺术相对于其他戏剧表演艺术来说,最大的优势就是虚拟写意性。比如"三五步便是走遍天下,六七人等于千军万马"就是明证。其实,在戏剧表演艺术的早期形态中,所有的戏剧种类都或多或少具有"虚拟性"的表演特征。从西方古希腊时期的戏剧表演至文艺复兴时期莎士比亚的戏剧演出活动,虚拟性表演一直是他们所使用的主要艺术手段之一。后来,西方的话剧演出越来越重视和追求写实主义,要求舞台演出最大限度地符合生活真实的本来面貌,走向了写实艺术的道路。而我们中国的戏曲表演艺术则不同。我们的表演始终追求"神似",追求一种"诗意的表达",虚拟性原则始终是其不变的精神内核和主心骨。正因如此,戏曲表演艺术始终极端重视"手、眼、身、法、步"和"唱、念、做、打"的千锤百炼,以简写繁,一当百用,以最简约的表演去装载和表现最丰富的故事内容。著名导演阿甲曾把戏曲的表现手法概括为"以虚拟实、以简代繁、以神传真、以少胜多"。

虚拟性表演是一种诗化写意性的高级艺术表现手段,是戏曲表演艺术不同于和优于其他戏剧表演艺术的一大法宝。虚拟性的诗化写意表演的千百年沉淀,是我们异常宝贵的艺术财富。我们在大型现代豫剧《王屋山的女人》的演出中,更加强调虚拟的诗化写意表达。我们要通过演员的身段造型和表情神态的精妙外现,来营造出一种水墨画一般的诗意盎然的舞台氛围。举例来说,在第五场彩云寻找儿子大宝的过程中,我运用戏曲圆场、串翻身、乌龙绞柱等戏曲身段,充分地表现彩云在雨中步行数百里寻找儿子的过程,运用戏曲造型动作创造出了令人触目惊心的戏剧场面,演员的虚拟写意表演传达出震撼人心的戏剧力量,几乎可以让时空在瞬间凝固。又如彩云在紫薇树下徘徊感叹,委婉的唱腔再加上虚拟化的一圈圆场台步便将其忧伤的神情清晰地传达给观众,表达了对丈夫和儿子的深深爱恋和王屋山女人对苦难永不低头的倔强性格。演员们出色的造型表演所呈现出来的这些艺术效果,完全是通过戏曲表演的"四功五法"的独特手段来达到的。

● 豫剧《王屋山的女人》排练现场，张平在给演员说戏

### （二）舞蹈造型的现代感追求

王国维先生在前人有关理论的基础上，明确地把"以歌舞演故事"概括为戏曲艺术的基本特征，目前已经成为圭臬性的科学论断。既然"以歌舞演故事"是戏曲艺术的基本特征，那么，载歌载舞的表演方式就成了戏曲演出所必须采取的基本手段了。齐如山在阐述京剧的表演原理时说："国剧的原理，有两句极扼要的话，就是'无声不歌，无动不舞'，凡是有一点声音，就得有歌唱的韵味；凡是有一点动作，就得有舞蹈的意义。"这些论述无疑是"以歌舞演故事"和"无声不歌，无动不舞"理论的最好注脚。戏曲表演中"舞"的概念不等同于舞蹈艺术中"舞"的概念，戏曲表演的"舞"也不完全符合舞蹈艺术的"舞"的标准要求。戏曲表演艺术是以"手、眼、身、法、步"为自己的基本功，并以此逐渐形成了一套以戏曲的身段、台步和手势等为表演程式的形体语汇体系。戏曲的形体语汇具有所指和能指的双重功能，如马鞭一挥就是"群关飞越马如飞"，船竿一撑就是"轻舟已过万重山"，等等。但我们不满足于照搬已有的戏曲形体语汇，现代豫剧《王屋山的女人》在坚持发挥戏曲传统

● 豫剧《王屋山的女人》排练现场，张平在给演员说戏

"舞"的形体表演美学精神的同时，也创造性地把富有现代感的舞蹈造型融在其中。如开幕的"过年舞"，农村的众婆姨运用传统的秧歌舞，加上创造性地把现代街舞造型融合在其中，烘托出将要过年的欢乐气氛，对戏剧情节的逆转进行了较好的铺垫。另如，彩云的送饭舞蹈在原有生活基础上加入了登山步、太空步等现代舞蹈语汇，借助这段舞蹈表演尽情地把人物的复杂心理充分地揭示出来，保证了剧情的发展和人物的内心活动是"演"出来而不是直白地说出来的，更容易得到观众的理解和接受。

（三）静止场面的动作造型处理

在戏曲舞台上运用静止场面去表达某种特殊的含义或营造某种特别的情境是司空见惯之事。在《王屋山的女人》中，我们则高度重视在静止场面中发挥出造型定位的特殊功效。在"记账还钱"的那个场面中，人物之间的造型定位把彩云的人物形象映衬得倍加分明。静止场面的造型定位处理是我们进行艺术表达时重点设计的一个环节。谭霈生先生曾说:"'停顿'也是动作。"那么,我们也可以说,静止场面是非常重要的戏剧场面。停顿是一种特殊的动作,是因为"停顿"这个动作是对外部刺激的一种特殊反应;无声是一种特殊语汇,有时候无声的语汇胜过有声的表达;同样,静止是一种特殊的场面,静止的场面会留给人更大的想象空间和更深的思考空间。当然,静止场面绝不是空无一物的舞台展示,静止的场面如果没有人物的造型表演和定位处理进行情境营造和渲染点缀则是没有意义的戏剧场面,所以,在《王屋山的女人》中,我们设计了许多具有深刻寓意的造型定位静止场面,从而把这部戏的艺术内涵更简约、更直观地袒露在观众的面前。

### (四)夸张动作造型的性格刻画和心理外化表现

动作是舞台造型艺术极为重要的手段之一。在《王屋山的女人》这个作品中,我们的某些动作设计得比较夸张激烈,主要有以下两点考虑:

#### 1. 性格刻画的需要

在戏曲舞台上,人物性格的刻画主要依赖于人物的行为来表现,而人物的行为则主要包括人物的行动和动作两个方面。简言之,对于人来说,性格是其行动和动作的内在依据,而行动和动作则是其性格的外部体现。行动方面不是我们此处所谈的重点,我们主要想结合造型设计来谈谈动作方面的内容。诚如黑格尔所说:"能把个人的性格、思想和目的最清楚地表现出来的是动作,人的最深刻方面只有通过动作才能见诸现实……"所以,在设计人物造型动作方面,为了更充分地把人物的性格描绘出来,我们要求演员在表演动作造型时尽可能进行适度的夸张给予形象演绎,让观众能直观地看到鲜明的人物性格和生动的舞台形象。在《王屋山的女人》中,如第二场彩云和儿子大宝在紫薇树下相见,双方同时运用大幅度的"跪步"拥抱,第四场众民工为彩云挡风遮雨的夸张性造型等动作造型的设计,都是为刻画人物性格和塑造人物形象服务的。

#### 2. 心理外化表现的需要

高尔基曾说过:"戏剧是最难运用的一种文学形式。"几乎没有人反对他这一貌似武断的说法,也许大家都默认了这个事实。之所以最难,是因为戏剧是用"舞台演出的形式"来讲述故事、塑造人物和表达内涵的,而小说等其他文学样式则主

● 豫剧《王屋山的女人》剧照

要是通过文字描述的形式来完成即可。在戏曲舞台上,整体的故事内涵主要由情节来表达,而人物的性格和心理状态怎么体现呢？让角色站在舞台上直白地宣讲人物的性格和心理状态无疑是最为低劣的艺术表现方式。戏曲艺术的核心是"演出",是舞台表演,那么毫无疑问,借助动作造型这些表演手段去揭示人物的性格和心理状态无疑是戏曲演出的最佳选择。关于动作对性格刻画方面的作用前面已经阐述过了,这里我们着重谈的是动作对心理外化表现有何作用这方面的话题。既然角色不能站在舞台上直白地对观众宣讲人物的心理状态,那么我们只能在人物的动作造型方面下足功夫。在《王屋山的女人》中,人物复杂的内心世界和心理状态都在演员的夸张动作造型中得到很好的外现,同时也把当时的戏剧情境烘托、渲染到了极致。

● 豫剧《王屋山的女人》剧照

## 二、戏曲音乐的多元化组合

　　戏曲音乐是戏曲艺术的核心基础之一。张庚先生认为:"戏曲的二度创作是从全剧的音乐化开始的……一出戏曲演出必须从头至尾都在音乐节奏的控制之中。"我们知道,戏曲音乐具有鲜明的民族特色,无论是音乐唱腔、过门音乐还是背景音乐等,统统都是具有原创性的"中国创造",甚至就连音乐伴奏都全由具有我们民族特色的乐器来独立包办。传统的戏曲音乐民族性极强,非常符合我们中国人的审美习惯,继续坚持和发扬戏曲音乐的民族传统特色应当一以贯之,毋庸置疑。但同时我们也清楚地意识到,用当代人目光来看,传统型的戏曲音乐及其乐队伴奏全由"中国元素"来构成则略显保守,其音乐效果往往过于单调,与当代人的音乐审美要求有一定的差距。

　　鉴于此,在创作戏曲《王屋山的女人》的音乐时,在坚持戏曲唱腔音乐、过门音乐和背景音乐的传统性的基础上,我们也注入了西洋音乐、现代旋律和特效音乐等成分,希望能在《王屋山的女人》中实现音乐效果的多元化组合,用更加丰富的音乐手段去表达更丰富的音乐内涵。

(一)唱腔音乐的继承与创新

豫剧是一个年轻的地方戏曲剧种,但它的声腔音乐经过近百年的不断发展和完善,目前已经形成一个比较完备的体系。豫剧音乐的旋律优美动人,唱腔委婉动听,深受广大人民群众的欢迎。目前,在华夏大地仍活跃着许多豫剧院团。豫剧有这么好的发展空间,豫剧音乐在其中所做出的重要贡献不容忽视。历代的戏曲音乐家为我们留下了丰厚的戏曲音乐遗产,我们应当充分地挖掘好和利用好这个音乐资源。我们在设计豫剧《王屋山的女人》的唱腔音乐时,音乐的传统性始终是我们坚定不移的创作原则,力求将戏曲音乐特色完好地体现出来。与此同时,我们要求唱腔设计要注意固本求新,即吸纳现代民族音乐和流行音乐的有益养分,用富有现代性的音乐元素去充当映衬传统唱腔旋律这朵大红花的绿叶,让豫剧唱腔更加贴近时代,贴近当代观众。《王屋山的女人》的唱腔创作充分地体现出既继承又创新的艺术精神,在我们的精心设计下,《王屋山的女人》的唱腔设计赢得了广大观众的喜爱和欢迎,获得了巨大成功。

(二)过门音乐和背景音乐的中西混合交响化处理

1. 过门音乐的中西混合交响化处理

过门音乐在戏曲音乐中占有很大的比重,地位也非常重要。如在场与场之间、人物的上下场中间、不同的唱腔转换之间等都需要过门音乐的配合和连接才能实现自然的过渡。有人认为,听到过门就能判断出该音乐属于哪个声腔、哪个剧种、哪个样式,过门具有音乐主题的性质。在豫剧《王屋山的女人》的过门音乐中,我们着力于通过中西器乐的混合演奏把作品有程式感的现代化色彩制造出来。如民族乐器的板胡独奏、小提琴的现代性元素、电子琴的另类音效和管乐伴奏的积极介入,作品的这些过门音乐通过交响化的处理将《王屋山的女人》的听觉效果推向高潮,让观众在感官听觉上得到很好的艺术享受。

● 豫剧《王屋山的女人》剧照

## 2. 背景音乐的中西混合交响化处理

背景音乐在戏曲作品中越来越重要,如在戏剧情境的渲染、人物情绪的推动和剧情变化的暗示等方面,背景音乐的效果功能无可替代,所发挥的积极作用也越来越受到人们的重视。在《王屋山的女人》的音乐结构中,我们根据戏剧场面和情境的需要,专门创作了能够烘托场面和渲染情境的中西混合交响化的背景音乐。如第五场彩云寻找孩子中背景音乐的烘托和处理,第六场母子相见时那种小提琴独奏的表现,把主人公的心路历程充分地体现出来。另外,在表现复杂的人物情感和人物情绪上,中西混合交响化演奏出来的背景音乐比传统的民乐队伴奏的音效显得更为强有力,给观众带来的听觉冲击力和感染力也更强更大。

### (三)歌剧借鉴和化用

西洋歌剧的音乐及其唱法的巨大魅力深入人心。作为西洋歌剧的核心组成部分,交响作曲法和美声唱法的完美性和科学性令人叹为观止。豫剧当然也有自己的一套唱腔音乐体系,有西方歌剧所不能替代的独特风采和艺术魅力。但所谓"有容乃大",豫剧完全可以借鉴和化用西洋歌剧的精华养分,从而把自己的艺术殿堂装点得更加辉煌、更加壮观。在《王屋山的女人》中,我们主要从三个方面来借鉴和化用西洋歌剧的有益成分。

1. 背景音乐和过门音乐的创作大量地加入了歌剧音乐的元素,用丰满的音乐效果去揭示剧情的转化和人物情绪的变化。实践证明,这些音乐运用给观众带来的音乐享受是大不一样的,达到了极好的预期效果。

2. 美声唱法可以被戏曲所借鉴和化用。在演唱的过程中,我们提倡在坚持戏曲唱法的前提下,演员在高音区的处理方面可以借鉴美声唱法的发音方法和歌唱技巧,如彩云在第四场工棚中花腔女高音的运用让戏曲的唱法更加完美、更加科学。

3. 帮腔的演唱方法歌剧化处理。传统的帮腔一般是用本剧种的演唱方法进行演唱,但《王屋山的女人》是一部具有浓厚现实生活色彩的作品,它在音乐方面需要有一些独特的表现形式给予支持,尤其是在剧情扣人心弦的时刻,我们发现歌剧的高音演唱效果非常适合在某些情境中使用,于是就大胆将帮腔的声音效果进行了歌剧化的处理。如第五场彩云在紫薇树下大段的"咏叹"中,歌剧化的帮腔演唱的效果令人印象深刻。

### (四)淡化打击乐的音效

戏曲打击乐是所有戏曲剧种的音乐伴奏必不可少的组成部分。有人说,打击乐是调剂戏曲舞台节奏的指挥,是体现戏曲音乐风格的不可或缺的部分。鉴于《王屋山的女人》这个剧目的题材和内容的独特性,我们尝试在音乐伴奏中适度地减少了打击乐的分量和比重,淡化打击乐在音乐结构中的影响和作用。对于现实生活舞台作品而言,在给具体生活场面进行配乐时,管弦乐与电子乐的音效处理比戏曲打击乐更符合它的要求。戏曲打击乐音效的淡化和管弦乐与电子乐的音效的加强,给《王屋山的女人》的音乐效果增色不少,赢得了观众的积极评价。

## 三、舞台美术的综合性效果

一般而言,戏曲的舞台美术包括化妆、服装、灯光、布景、道具和头饰等方面的内容。舞台美术在戏剧演出活动中所发挥的作用至关重要。一方面,从戏剧演出的本身出发,无论是营造真实的戏剧情境、戏剧氛围还是帮助演员进入角色都离不开舞美的积极支持;另一方面,从观众的接受角度考虑,舞台艺术属于一种视觉艺术,舞美展示有助于观众直观地把握舞台的整体形象,正如苏联音乐家克卉姆辽所言:"视觉是人类认识活动最有效的感官。"考虑一出戏的戏剧效果,就不能不虑及舞台美术的整体设计和细节安排。在《王屋山的女人》的舞美设计中,我们全面地考虑到整台戏的舞台美术效果,从化妆、灯光、服装、布景、道具等方面入手,努力在舞美的综合性效果上取得新突破,让观众看到一台别出心裁的戏曲舞美呈现。

### (一)化妆的直观视觉冲击

戏曲的化妆有自己的风格特征,与其他剧种的脸谱化装扮不太一样。戏曲的化妆比较接近现实生活的真实面目,很容易被当代观众所接受。在《王屋山的女人》中,我们坚持戏曲的化妆特色,尽可能地按照当代观众的装扮审美要求给演员上妆。同时,为了突出作品的现实色彩、增强化妆的视觉感染力和冲击力,我们在演员的面部增添了一些具有现代感的粉色,并且在角色的头饰上植入一些具有象征意义的物件。为增强现实生活感,我们在女主人公彩云的头饰上加上薄薄的金粉,用她头上的一缕银发,重新处理她的发饰造型,展现出彩云从农村到城市、从农民到老板的人生裂变中截然不同的人物形象。

### (二)灯光的现代阐释和巧妙运用

传统意义上,灯光的作用主要是舞台照明。但到了20世纪中后期以后,灯光在舞台中的运用越来越有新意,越来越具有艺术性。艺术家胡芝风概括,目前舞台灯光有照明、造型、抒情、寓意、拟人、烘托气氛等方面的作用。的确如此,灯光的各个有效功能和作用业已被人们逐一挖掘出来,在舞台上得到了广泛的应用。照明

● 豫剧《王屋山的女人》排练现场，张平和主创人员开会研究

方面无须多言，在《王屋山的女人》中，造型、抒情、寓意和烘托气氛等功用都在舞台上得到充分的运用。例如第二场，在暗淡的蓝光弥漫下，紫薇树的哀伤象征着王屋山的幽静空旷；强烈的束光罩在彩云身上的造型意味着人物深刻的内心情感；结尾全台呈现出紫薇树的壮丽景况，在令人窒息的灯光下，紫薇树反射出耀眼的光芒。在整体舞台美术创作中，灯光艺术的现代阐释和巧妙运用手法丰富，不一而足。总之，舞台灯光的成功运用使得我们的演出场面更加丰富多彩，剧目的视觉效果也得到了更好的保证。

（三）服装的符号意义和心理揭示作用

1. 符号意义

戏曲服装的出现是戏曲演出形态走向成熟的重要标志之一。众所周知，戏曲服装具有很高的艺术价值和审美价值，更重要的是，它还具有某种语言符号意义。有人说："中国传统剧目服饰，是以一套不变的衣箱制度为特征，它们被人为地划分为若干大类,每一类有若干种颜色,以每一套服饰满足全部传统剧目的需要,以不变应万变……因此,它们的符号语言特征是程式化的、惯例化的、不变化的。"戏曲服装的符号意义是不用多做解释的,我们在《王屋山的女人》中所设计的人物服装就非常富有符号语言意义。如彩云从农妇到企业家的变化,又如群体农民的服饰变化,充分体现了整个社会向前发展的历史进程。舞台是形象的艺术,服装在直观形象上恰恰切合了舞台的需要。在舞台上,不懂得利用服装的符号功能会让舞台的内涵和观感大大减弱,最终导致戏曲的服装徒具形式而没有内容。

2. 心理揭示作用

除了符号的功能,其实戏曲服装还有心理揭示的作用。服装的心理揭示作用容易被人们所忽视,理论上阐述起来也比较抽象。在《王屋山的女人》中,我们利用服装对人物的心理进行充分的揭示,比如彩云的灰色、公公的紫色等。总的来说,服装的心理揭示在《王屋山的女人》中得到充分的发挥,取得了良好的舞台效果。

**(四)布景的象征意义**

舞台的布景是舞台美术最为基本也最为重要的一环。对于戏曲舞台演出而言,布景具有几项非常重要的功能。苏联的舞台美术家亚·维·雪科夫指出:布景具有象征性、交代性和有机性。象征性指的是布景所具有的寓意,交代性就是布景的情境说明,而有机性说的是布景和剧情的内在统一。交代性和有机性是舞台布景最基本的要求,不需详论,在这里我们主要想说明的是《王屋山的女人》的布景的象征意义。譬如,原剧本中描写的是青山去世后,彩云到坟上祭奠青山,我们考虑到舞台的视觉性美感,决定运用济源市树紫薇树为象征性的舞台展现。紫薇花的开放、紫薇树充满情感的移动,均是布景的象征功能在作品里发挥运用的真实写照。象征意义属于布景内涵层面的范畴。

**(五)场景的现代化撤换**

场景撤换是一门学问。传统上,大幕从拉开再到闭上就意味着这里头是一场戏的时间,慢慢人们就形成一个概念:一次开幕到一次闭幕就是一场戏。为什么会这样呢?因为开幕和闭幕有两个重要作用:一是剧情变化的需要;二是场景撤换的需要。这里我们重点谈谈场景撤换的问题。

现代的场景处理早就不像原来的开幕和闭幕那么简单了，舞台灯光的介入和场景的移动化处理已经打乱了传统的场次的概念，具体地说，场次的划分不能再以开幕和闭幕来判断了。当然，《王屋山的女人》仍然是分场次的，但场次的划分和大幕的开与闭已没有太大的关系。在《王屋山的女人》中，我们主要是灵活地运用推拉台（车台）。如第四场转第五场幕间，车台在伴唱中移动，同时展示故乡对彩云的挂念，又展示彩云在城市的劳作过程。这种对比的舞台美术艺术手段，得到了广大观众的高度评价，每场演出掌声不断。

表演造型的现代化尝试、音乐效果的多元组合和舞台美术的综合性效果是我们排演《王屋山的女人》的三大核心构成要素，也是《王屋山的女人》在创作理念和操作实践方面所做出的新探索和新实验。从实践结果来看，《王屋山的女人》取得了一定的突破和成绩，也赢得了广大观众的支持拥护和积极评价。当然，任何新尝试和新实验都很难保证会取得完美的结果，难免会出现各种各样的舛误和错漏，为此，我们虚心地听取了各方中肯的批评和富有建设性的建议，希冀在接下来的剧目打磨中能把豫剧《王屋山的女人》塑造得更加完善、更加成熟。

# 张平艺术年谱

卢　梅　冯欣欣

**1959 年**

11 月,张平出生在郑州,父母都在河南省豫剧院工作,母亲高玉秋是"香玉剧社"的第一批学生,父亲张学勇 1948 年参加河南省文工团,1956 年调入河南省豫剧院。张平生长在这样一个革命文艺家庭里,是睡在戏箱上、听着锣鼓经长大的。他 7 岁那年父亲去世,受二伯的影响,从小接受文学熏陶,在河南省豫剧院文艺大院里度过了艰苦而又幸福的童年,自幼热爱文艺,能歌善舞。

**1970 年**

5 月,报考河南省豫剧院,但踌躇满志的他却名落孙山。

**1971 年**

怀揣文艺梦想的张平报考了郑州市京剧团,因模样英俊又会点武功,被招收为武戏演员,同年 6 月,正式参加郑州市京剧团,成为一名文艺小战士。

**1978 年**

10 月,从郑州市京剧团调入河南省豫剧三团,进团后饰演的第一个角色是《小二黑结婚》中的助理员。在京剧团接受的程式化表演,使他到了三团后格格不入,无法融入现代戏的表演风格,内心很苦恼。母亲的鼓励,三团老师的关爱,使他暗下决心:吃了这碗饭,就要干到底! 于是,努力学习现代戏的表演风格,虚心钻研"斯坦尼"表演体系,完成了从武戏演员到唱做并重的小生行当的嬗变。

### 1980 年

三团演出《爱情的审判》,张平凭借自己平时的积累和实力由 C 角逆转为 A 角,之后又在《民警家的贼》一剧中担当了他在三团的第一个 A 角:男警察。自此,在很多剧目中担当男一号,开始了豫剧现代戏表演的探索、前进之路。

### 1981 年

二伯的一席话,使张平决定学习导演艺术。他在认真完成好角色创造的同时,主动关注、学习、钻研导演知识,并虚心向三团老艺术家求教表演、导演艺术。

### 1982 年

在《人的质量》一剧中成功塑造了新时期的男青年形象贺兆明,在表演上前进了一大步,受到普遍好评。

### 1983 年

在现代戏《倔公公偏遇犟媳妇》中饰演刘小三。该剧 1985 年被长春电影制片厂拍摄成彩色遮幅宽银幕戏曲故事片在全国公映。

### 1984 年

在现代戏《阿混新传》中饰演阿混。

### 1985 年

5 月,在现代戏《拾来的女婿》中饰演一号人物孙志强,荣获河南省第一届戏剧大赛银奖。

9 月,考入上海戏剧学院导演大专班,三年的校园生活,使他更加明确了人生的目标,要将自己毕生的青春和才华奉献给戏曲事业。

### 1988 年

1 月,在上海戏剧学院独立完成了导演班毕业作品《等待戈多》。

6 月,从上海戏剧学院毕业分配到河南省豫剧三团艺术室工作。

7 月,在《归来的情哥》中饰演郭秋富并担任导演助理,该剧荣获河南省第二届戏剧大赛铜奖。

**1991 年**

洛阳市豫剧二团创排现代戏《闯世界的恋人》,张平任导演并饰演男主角大发,女主角陈淑敏获得当年的中国戏剧"梅花奖"。该剧进京演出时,时任文化部代部长的贺敬之和著名戏曲评论家阿甲等亲切接见了张平及其他演职员。

导演的豫剧现代戏《芦家湾》得到时任河南省文化厅厅长的王传真的赞赏,并荣获省级大赛金奖。

**1993 年**

2 月,河南省文化厅党组任命张平为河南省豫剧院三团业务副团长。上任后锐意图新,大胆改革,创作了大型古装剧《西门风月》。该剧公演后,曾受到河南新闻界、文化界的广泛关注,引起了极大的争议。

**1994 年**

与卢昂合作导演的现代豫剧《红果,红了》获河南省第五届戏剧大赛金奖。

**1995 年**

《红果,红了》荣获文化部"文华"新剧目奖第一名,并获文华导演奖以及音乐、舞美、灯光、演员等 21 项"文华"单项奖,同时获中宣部"五个一工程"奖,并参加了在上海举行的"五个一工程"奖颁奖展演。本剧以虚实结合、雅俗共赏、载歌载舞的表现形式,体现了新的戏剧理念,确立了三团现代戏风格的一种新样式。

被评为全国文化系统先进工作者。

**1997 年**

被中国文联授予"全国百名杰出青年文艺家"称号。

独立执导的现代豫剧《蚂蜂庄的姑爷》荣获中宣部"五个一工程"奖。

在周口市豫剧团创作的大型现代戏《市井人生》中担任导演。该剧代表河南省参加了全国梆子戏汇演和在郑州举办的第一届中国豫剧节,一举夺得剧目金奖和编剧、导演、音乐、表演等多项大奖及中国豫剧节最高奖——优秀剧目奖。

**2000 年**

6 月 6 日,调入河南省豫剧二团任业务副团长。

**2001 年**

9 月,在新编大型现代豫剧《村官李天成》中担任导演(合作)。

10月,河南省豫剧二团决定创排由青年剧作家陈涌泉根据《赵氏孤儿》改编创作的大型新编历史剧《程婴救孤》,总导演黄在敏,导演张平,主演李树建。

11月,在驻马店市豫剧团执导以好民警刘文功的先进事迹为素材创作的现代豫剧《抢来的警官》,在郑州演出期间,省直机关干部和各界群众3000多人前来观看,许多观众情不自禁地流下了泪水,演出现场不时响起雷鸣般的掌声。河南省领导支树平、王全书、李清林、陈全国、王明义等观看了该剧。该剧荣获2011年度全国公安系统演出金奖。

**2002年**

9月,《程婴救孤》在河南省第九届戏剧大赛中荣获一等奖,张平荣获"文华导演奖"。该剧进京为党的十六大演出,中央领导对该剧给予充分肯定和高度评价。

12月,《村官李天成》获河南省第三届文学艺术优秀成果奖。

**2003年**

12月,《村官李天成》入选2003—2004年度国家舞台艺术精品工程初选剧目。

**2004年**

5月16、17日,现代戏《村官李天成》赴京参加"第二届北京国际戏剧演出季"。

9月,导演的《程婴救孤》荣获"国家文华大奖"、第七届中国艺术节"观众最喜爱的剧目"奖、"国家十大精品剧目"和中宣部"五个一工程"奖优秀戏曲剧目,张平荣获"文华导演奖"第一名。

执导的评剧《长霞》由河南一级编剧张芳和中国评剧院副院长刘侗共同创作完成,中国评剧院一级演员、文华奖获得者高闯主演。该剧荣获中国评剧节金奖。

**2005年**

调入河南省艺术研究院,任国家一级导演。

5月,应安阳市豫剧团的邀请担任现代豫剧《红旗渠》的导演。该剧由著名剧作家郭虎寅、张芳任编剧,贾文龙饰演主人公牛大刚。

11月,执导的现代姚剧《母亲》在第九届中国戏剧节上获得优秀入选剧目奖、优秀音乐奖等多项荣誉。

**2006年**

5月,执导河南省豫剧三团创作的现代豫剧《悠悠我心》。

**2007 年**

在北京京剧院执导《孔雀东南飞》,张派青衣张笠媛和奚派老生张建峰主演。

**2008 年**

在义乌婺剧团导演婺剧《赤壁周郎》,该剧荣获浙江省第十届戏剧节剧目大奖。

**2009 年**

6 月,为庆祝中华人民共和国成立 60 周年,张平和李云合作导演了大型豫剧现代戏《山野秀才》。

10 月,考入南京大学艺术学理论专业学习。

**2010 年**

5 月,在上海越剧院导演根据蒲松龄《聊斋志异》改编的越剧新戏《画皮》。

5 月,《村官李天成》代表河南省参加第九届中国艺术节,荣获"文华新剧目奖"。

12 月,因成为全国性文艺新闻出版大奖(三次文华奖)获得者,受到河南省省委、省政府奖励。

**2011 年**

6 月,在济源市豫剧团创作的大型现代豫剧《王屋山的女人》中担任导演,该剧由陈涌泉、王国毅、张克鹏编剧,饰演女主角彩云的刘雯卉获得中国戏剧"梅花奖"。

6 月,在郑州市豫剧院执导的大型现代豫剧《清风茶社》正式演出。该剧摆脱司空见惯的说教,人物性格鲜明,语言生动形象,不少观众泪流满面,感触良深。

9 月,《王屋山的女人》获得河南省第十二届戏剧大赛文华大奖,《兰考往事·焦裕禄》获得河南省第十二届戏剧大赛一等奖和第二届中国豫剧节剧目一等奖。

9 月,担任第二届中国豫剧节开幕式晚会总策划、总导演(合作)。

**2012 年**

8 月,应文化部之邀,大型现代豫剧《王屋山的女人》进京为党的十八大召开作献礼演出,受到首都专家、学者、观众的普遍好评。

**2013 年**

7 月 17 日,河南豫剧院组建,任河南豫剧院艺术发展部主任。

10月,在济南市京剧院执导新版京剧《项羽》,该剧参加第十届中国艺术节获文华大奖特别奖。

代表河南参加由英国政府资助、利兹大学承办的"寰球舞台演出中国:人·社会与文化"国际学术研讨会,在会上发表精彩演讲,获得英国皇家莎士比亚剧团的好评。

12月,河南豫剧院青年团创排新版《穆桂英挂帅》,担任总导演、艺术总监。

**2014年**

1月,在河南豫剧院一团创作的大型原创豫剧《魏敬夫人》中担任导演,该剧荣获第三届中国豫剧节优秀剧目奖。

3月,河南豫剧院青年团创排的新版《穆桂英挂帅》进京演出,受到北京领导、专家的普遍好评。

6月,在河南驻马店豫剧团创排的新编历史剧《陈蕃》中担任导演,该剧荣获河南省第十三届戏剧大赛文华大奖。

7月14—21日,河南豫剧院为庆祝建院一周年,承办了"向祖国汇报——河南省优秀舞台剧目北京展演月"活动,在北京长安大戏院演出《魏敬夫人》《五世请缨》《程婴救孤》《泪洒相思地》《破洪州》《白蛇传》《兰考往事·焦裕禄》《刘青霞》八台大戏,向新中国成立65周年献上了一份大礼。张平担任此次活动的艺术总监。

7月21日,由河南省文化厅主办、河南豫剧院和河南省文化艺术研究院承办的"河南省艺术名家推介工程——张平导演艺术研讨会"在北京举行。